essentials

essentials liefern aktuelles Wissen in konzentrierter Form. Die Essenz dessen, worauf es als „State-of-the-Art" in der gegenwärtigen Fachdiskussion oder in der Praxis ankommt. *essentials* informieren schnell, unkompliziert und verständlich

- als Einführung in ein aktuelles Thema aus Ihrem Fachgebiet
- als Einstieg in ein für Sie noch unbekanntes Themenfeld
- als Einblick, um zum Thema mitreden zu können

Die Bücher in elektronischer und gedruckter Form bringen das Expertenwissen von Springer-Fachautoren kompakt zur Darstellung. Sie sind besonders für die Nutzung als eBook auf Tablet-PCs, eBook-Readern und Smartphones geeignet. *essentials:* Wissensbausteine aus den Wirtschafts-, Sozial- und Geisteswissenschaften, aus Technik und Naturwissenschaften sowie aus Medizin, Psychologie und Gesundheitsberufen. Von renommierten Autoren aller Springer-Verlagsmarken.

Weitere Bände in der Reihe http://www.springer.com/series/13088

Joachim Weeber

Klimawandel und Finanzmärkte

Joachim Weeber
Studiengang BWL
Fachhochschule Nordakademie
Elmshorn, Deutschland

ISSN 2197-6708   ISSN 2197-6716   (electronic)
essentials
ISBN 978-3-658-28924-9   ISBN 978-3-658-28925-6   (eBook)
https://doi.org/10.1007/978-3-658-28925-6

Die Deutsche Nationalbibliothek verzeichnet diese Publikation in der Deutschen Nationalbibliografie; detaillierte bibliografische Daten sind im Internet über http://dnb.d-nb.de abrufbar.

Springer Gabler ist ein Imprint der eingetragenen Gesellschaft Springer Fachmedien Wiesbaden GmbH und ist ein Teil von Springer Nature.
Die Anschrift der Gesellschaft ist: Abraham-Lincoln-Str. 46, 65189 Wiesbaden, Germany

Was Sie in diesem *essential* finden können

- Informationen über die Auswirkungen des Klimawandels auf die Finanzmärkte
- Welche Chancen ‚Green Banking' zur Vermeidung von Klimafolgen bietet
- Herausforderungen im Risikomanagement von Banken durch den Klimawandel
- Übersicht über die Instrumente der Regulatorik zur Überwachung und Vermeidung von Klimarisiken für die Finanzmärkte

Vorwort

Der in der *essentials*-Reihe gesetzte Rahmen erfordert eine Konzentration auf das Wesentliche. Damit sind Ausführungen zu den grundsätzlichen Ursachen des anthropogenen Klimawandels, aber auch seinen sozialen und gesellschaftlichen Auswirkungen nicht möglich. In diesem Buch konzentriere ich mich auf seine Auswirkungen auf die Finanzwelt. Dabei werden auch hier Beschränkungen vorgenommen. Vornehmlich werden in diesem Buch die Auswirkungen auf einige zentrale Bereiche der Finanzmärkte betrachtet; im Mittelpunkt stehen Versicherungen, vor allem aber Banken.

Für mich schließt sich mit diesem *essential* ein Kreis. Mit der Lektüre des Buches ‚The Limit to Growth' des Club of Rome (Club of Rome 1972) und der deutschen Ausgabe des vom ehemaligen US-Präsidenten Jimmy Carter in Auftrag gegebenen ‚The Global 2000 Report to the Präsident' (Council on Environmental Quality 1980) kam ich zum ersten Mal in Kontakt mit gesamtwirtschaftlich relevanten Fragestellungen, die den Umweltgedanken in den Mittelpunkt der Analyse stellten. In den Werken geht es um zahlreiche unterschiedliche Aspekte: um die Möglichkeiten der Szenariotechnik, den Ressourcenverbrauch, ob es grenzenloses Wachstum geben kann, aber auch beim Global 2000 Report um die Auswirkungen von Klimaveränderungen. Bereits in dieser Studie wurde auf die Probleme durch die Erderwärmung hingewiesen. Dieses Thema wird mit diesem *essential* also aufgegriffen und auf einen speziellen Aspekt der Wirtschaft, dem Finanzmarkt, angewandt. Das Thema Klimawandel liegt eben nicht nur im Mainstream, sondern berührt schon seit geraumer Zeit einen entscheidenden Aspekt unseres Lebens.

Meine Frau hat mir den zeitlichen Freiraum für die Erstellung dieses Buches gegeben. Dafür vielen Dank. Ich liebe Dich. Diskussionen mit meinen Kolleginnen und Kollegen der Deutschen Bundesbank sowie mit den Studentinnen und Studenten der Fachhochschule Nordakademie haben mich das ein oder andere Argument nochmals schärfen lassen. Auch dafür Danke.

Prof. Dr. Joachim Weeber

Inhaltsverzeichnis

Einleitung 1

Der Klimawandel ist zu einem der wichtigsten gesellschaftlichen, politischen und wirtschaftlichen Themen geworden. Sehr viele Streitfragen unserer Tage haben einen direkten oder indirekten Bezug zum Klimawandel. War die These vom fortschreitenden Klimawandel im politischen Spektrum teilweise im letzten Jahrhundert noch umstritten, haben sich aus dem aus wissenschaftlicher Sicht gesicherten Prozess der Erderwärmung neue Themenstellungen für die Wissenschaft und Politik ergeben. Im Rahmen der Abschlusserklärung zum Bonner Klimagipfel im November 2017 oder beim G20-Gipfel in Hamburg im Juli 2017 wurden die Ziele des UN-Klimagipfels von Paris 2015 von den wichtigen Teilnehmerstaaten nochmals bestätigt – mit Ausnahme der USA. Die wesentliche Forderung konzentriert sich auf die Begrenzung der globalen Erwärmung auf deutlich unter 2 °C gegenüber vorindustrieller Zeit (durch eine 40 %ige Reduktion der Treibhausgasemissionen bis 2030 gegenüber dem Niveau von 1990; bis 2050 um bis zu 95 %). Ein entscheidender Faktor zur Abschwächung des Klimawandels wird in der Vermeidung von Treibhausgasen gesehen. Im Kyoto-Protokoll, dem ersten völkerrechtlich verbindlichen Vertrag zur Vermeidung des Klimawandels, werden u. a. Methan, Lachgas und Kohlendioxid (CO_2) genannt. Auch wenn die Begrenzung der Treibhausgasemissionen eine weltweite Aufgabe ist, hat die EU-Kommission im Rahmen ihrer Mitteilung ‚Ein sauberer Planet für alle‘ nochmals bekräftigt, bis 2030 die CO_2-Emissionen um 40 % reduzieren zu wollen (Europäische Kommission 2018b). Dabei ist bereits jetzt klar, dass die freiwilligen nationalen CO_2-Minderungsziele hierfür kaum ausreichend sein werden und das eigentliche Ziel eine Begrenzung des Temperaturanstiegs auf 1,5 °C lauten müsste, da bei Überschreitung dieses Wertes die Risiken und Auswirkungen deutlich zunehmen (Max-Planck-Institut für Meteorologie 2018). Daher sind „substantial negative economic impacts" (Investor Agenda 2019) zu befürchten.

© Springer Fachmedien Wiesbaden GmbH, ein Teil von Springer Nature 2020
J. Weeber, *Klimawandel und Finanzmärkte*, essentials,
https://doi.org/10.1007/978-3-658-28925-6_1

Über die Konsequenzen des Klimawandels wird die Öffentlichkeit regelmäßig etwa durch den so genannten ‚Weltklimarat' (Intergovernmental Panel on Climate Change (IPCC) informiert – eine Institution der Vereinten Nationen, die den jeweils aktuellen Stand der Klimaforschung zusammenfasst und bewertet. Im Sonderbericht des Weltklimarates, der sich mit den Auswirkungen der Erderwärmung auf Ozeane und Eismassen befasst, wurden die drastischen Verwerfungen der Öffentlichkeit nochmals verdeutlicht (IPCC 2019).

Klimawandel enthält auch Fragestellungen zu wirtschaftlichen Prozessen. Neben der Internalisierung der durch den Klimawandel ausgelösten externen Kosten (Umweltauflagen, Emissionssteuern, handelbare Emissionsrechte), sind auch Aspekte der unterschiedlichen Betroffenheit von Staaten oder die Problembehandlung für die grenzüberschreitenden Auswirkungen des Klimawandels Teil dieser Diskussion. Auch generelle Forderungen nach einem globalen Nullwachstum oder zumindest für die entwickelten Länder (Steady-State Economy) tauchen wieder auf, so wie es zu Beginn der 70er Jahre des letzten Jahrhunderts im Zuge der Diskussion über den Bericht des Club of Rome zu den Grenzen des Wachstums bereits der Fall war.

Damit ist das hier behandelte Thema auch enger gefasst, als es etwa durch Begriffe wie Nachhaltigkeit in der Öffentlichkeit teilweise synonym gebraucht wird. Nachhaltigkeit (Sustainability) umfasst vielmehr die sogenannten ESG-Kriterien ‚Environmental, Social und Governance', die von den Vereinten Nationen im September 2015 beim Gipfeltreffen der Staats- und Regierungschefs durch die Einigung auf 17 Nachhaltigkeitsziele (Sustainable Development Goals) verabschiedet worden sind. Hierzu zählen auch die Beendigung von Armut und Hunger oder wirtschaftsethische Sachverhalte (Vermeidung von Korruption und Bestechung), also über das Thema Umwelt und Klima hinausgehende Ziele (Vereinte Nationen 2015). Gleichwohl beziehen sich die weltweiten Investitionen im ESG-Bereich überwiegend auf den umwelt- bzw. ökologischen Aspekt (International Monetary Fund 2019, S. 88).

Für den Einstieg bietet sich zunächst eine Definition der Begriffe Klimawandel und Finanzmärkte an (Kap. 2). Die Ausführungen hierzu lehnen sich eng an die Themenstellung an. Für allgemeine Ausführungen wird auf die vielfältig vorhandene Literatur verwiesen. In Kap. 3 werden die verschiedenen Risikokategorien für den Finanzsektor dargestellt, die aus dem Klimawandel entstehen können. Neben Risiken werden aber auch Chancen aus dem Klimawandel entstehen. Ein Überblick hierzu liefert Kap. 4, indem aber auf eine renditeseitige Betrachtung weitgehend verzichtet wird. Vielmehr sollen hier grundlegende Überlegungen über zukünftige Entwicklungschancen dargestellt werden. In der Literatur überwiegen aber die mahnenden Ausführungen. Die Erfassung,

Behandlung und Bewertung von Klimarisiken stellt die Finanzmarktteilnehmer z. T. vor gänzlich neuen Herausforderungen. Dies gilt sowohl in einzelwirtschaftlicher Sichtweise, aber auch für das Finanzsystem insgesamt. Die Reaktionen auf Klimarisiken werden dabei über die Auswirkungen auf geschäftspolitische Grundsatzentscheidungen von Banken und Versicherungsunternehmen, bis hin zu Vermeidung systemischer Risiken reichen. Kap. 5 beschäftigt sich ausführlich mit diesen Herausforderungen. Das abschließende Kap. 6 bietet einen Blick auf weiterführende Fragestellungen.

Definition und Abgrenzung zentraler Begriffe

2

Die Eingabe der Begriffe ‚climate change' und ‚financial market' in die Suchmaschine Google ergibt eine Trefferzahl von 863 Mio. bzw. 2280 Mio. Dagegen werden für andere wichtige wirtschaftliche Begriffe wie etwa ‚Globalization' oder ‚public debt' deutlich niedrigere Trefferzahlen angegeben (59 Mio. bzw. 427 Mio.; Stand jeweils 07.09.2019). Dies zeigt bereits die große gesellschaftliche und damit auch ökonomische Bedeutung dieser beiden Begriffe. Der Klimawandel mit seinen heutigen vielfältigen Erscheinungen und daraus resultierenden Auswirkungen stellt auch die Finanzindustrie vor neue Herausforderungen. Gesellschaftlicher und politischer Druck haben hier nicht zuletzt durch die in den letzten Jahren vermehrt auftretenden Aktivitäten von Umwelt- und Klimaschutzakteuren der Zivilgesellschaft (z. B. Fridays for Future) zugenommen. Hierdurch werden etwa längerfristig wirkende Risikokategorien bedeutsam für zahlreiche Geschäftsmodelle der handelnden Akteure.

2.1 Klimawandel

Umgangssprachlich werden die Begriffe ‚Wetter' und ‚Klima' sehr oft vermischt. Für die Finanzmärkte ist aber der Unterschied zwischen beiden Begriffen mit erheblichen Konsequenzen verbunden. Während Wetter nach der Definition der World Meteorological Organization (WMO) den physikalischen Zustand der Atmosphäre in einem kürzeren Zeitraum an einem bestimmten Ort charakterisiert, beschreibt Klima „the average weather conditions for a particular location and over a long period of time" (World Meteorological Organization 2019). Klimaveränderungen beziehen sich damit auf den physikalischen Zustand der Atmosphäre, „wenn die Wahrscheinlichkeit für Abweichungen vom Mittelwert angegeben

© Springer Fachmedien Wiesbaden GmbH, ein Teil von Springer Nature 2020
J. Weeber, *Klimawandel und Finanzmärkte*, essentials,
https://doi.org/10.1007/978-3-658-28925-6_2

werden kann, also auch Extremwerte Teil der Statistik sind. Zur Beschreibung des Klimas wird in der Regel eine Zeitspanne von 30 Jahren als Bezugszeitraum herangezogen" (Max-Planck-Institut für Meteorologie 2019).

Für die Finanzmärkte sind Änderungen des physikalischen Zustands der Atmosphäre allerdings nicht gänzlich neu, weil auf unterschiedliche Wetterlagen bereits seit rund zwei Jahrzehnten mit Finanzderivaten reagiert wird, um das (Wetter)Risiko von Unternehmen oder Kommunen zu minimieren bzw. auf die Kontraktpartner (i. d. R. Banken[1] oder Versicherungen) zu übertragen (Auer 2003). In Deutschland waren und sind vor allem in ländlich geprägten Regionen mit einem hohen Anteil an landwirtschaftlich genutzten Produktionsflächen die regional verwurzelten Genossenschaftsbanken und Sparkassen von Witterungseinflüssen ‚betroffen'. Und zwar insbesondere an, wenn deren Kreditnehmer von überproportional hohen/niedrigen Niederschlagsmengen oder Sonnenscheindauern und hieraus resultierenden Ernteausfälle betroffen waren. Das Risiko ‚Wetter' ist damit kein neues Phänomen für zahlreiche Finanzmarktakteure. Sind diese kurzfristigen, witterungsbedingten Einflüsse auf die Ertrags-, vor allem aber die Risikolage längst in die verschiedenartigen Analysen der Finanzindustrie eingeflossen, dürften die Folgenabschätzungen des längerfristigen Klimawandels für Versicherungen, vor allem aber für viele Banken Neuland sein. Dabei hat der politische Druck auf die Finanzindustrie durch die Europäische Kommission in den letzten Jahren deutlich zugenommen. Der Aktionsplan der Europäischen Union (EU) hat den Rahmen vorgegeben, die Umsetzung und damit die Finanzierung von Maßnahmen zur Reduzierung der Klimaerwärmung „wird von Privatunternehmen und Haushalten getragen werden. Um solche Investitionen zu fördern, müssen die Europäische Union und ihre Mitgliedstaaten klare, langfristige Signale geben, um die Investoren zu lenken, verlorene Vermögenswerte zu vermeiden, nachhaltige Finanzmittel zu mobilisieren und diese so produktiv wie möglich in saubere Innovationsmaßnahmen zu kanalisieren. Die Bereitstellung einer Vision gibt die Richtung vor, in die die Finanz- und Kapitalströme fließen müssen" (Europäische Kommission 2018b, S. 20).

---

[1]Der Begriff ‚Banken' wird hier für Kreditinstitute insgesamt im Sinne des § 1 Kreditwesengesetz (KWG) verwendet. Er umfasst damit auch Sparkassen.

2.2 Finanzmärkte

An dieser Stelle werden nur die für den Zusammenhang mit dem Klimawandel wichtigen Aspekte aufgeführt. Finanzmärkte erfüllen unterschiedliche Funktionen. Finanzmärkte als ‚Diener' der Realwirtschaft war die ursprüngliche Idee. Dafür sollten Zahlungssysteme für Wirtschaftssubjekte bereitgestellt werden, Spareinlagen für Kredite für private und öffentlichen Investitionen zur Verfügung gestellt und die Finanzierung von grenzüberschreitendem Handel ermöglicht werden. Ermöglicht wird die Erledigung dieser Aufgaben durch Märkte auf denen Aktien, Geld, Devisen, Anleihen und Derivate gehandelt werden. Die zentrale Bedeutung des Finanzsektors wird auch dadurch deutlich, dass zahlreiche Unternehmen der Finanzindustrie als ‚Systemrelevant' bezeichnet werden (‚Too-big-to-fail' bzw. ‚Too interconnected-to-fail'). Der Zusammenbruch großer und/oder über Kredit- bzw. Einlagebeziehungen umfangreich verflochtener, systemrelevanter Institute beinhaltet damit ein extrem hohes Risiko für die Stabilität des Finanzsystems. Die Finanzmärkte bestehen aus einer Vielzahl unterschiedlicher Akteure bzw. Institutionen. So werden hier u. a. die Aktivitäten von Wertpapierdienstleistungsunternehmen, Pensionsfonds oder Kapitalverwaltungsgesellschaften betrachtet. Vor allem aber Banken, Versicherungen, Zentralbanken und Aufsichtsbehörden spielen bezogen auf den Umgang mit Klimarisiken im Finanzsystem eine wichtige Rolle. Auf diese Akteure bzw. Institutionen wird sich im Folgenden konzentriert. Internationale Aspekte der Finanzmärkte, wie etwa Wechselkurse oder Direktinvestitionen, oder die Interaktion mit gesamtwirtschaftlichen Indikatoren werden soweit möglich in die Überlegungen einbezogen, eine ausführliche Betrachtung entsprechender Aspekte aber muss aufgrund der hier bestehenden quantitativen Beschränkungen unterbleiben.

Die Relevanz der Finanzmärkte zur Begrenzung der Erderwärmung wird durch das Pariser Klimaschutzabkommen im Art. 2c dokumentiert. Danach sollen „die Finanzmittelflüsse in Einklang gebracht werden mit einem Weg hin zu einer hinsichtlich der Treibhausgase emissionsarmen und gegenüber Klimaänderungen widerstandsfähigen Entwicklung" (Bundesministerium für Umwelt 2015).

Klimarisiken für die Finanzmärkte 3

„Wirksamer Klimaschutz erfordert eine drastische Rückführung der globalen Treibhausgasemissionen und mithin eine umfassende Transformation der Systeme der Energieversorgung, weg von den bislang dominierenden fossilen Energieträgern" (Sachverständigenrat zur Begutachtung der gesamtwirtschaftlichen Entwicklung 2019, S. 1). Der Kampf gegen den Klimawandel wird damit zu einer „Menschheitsherausforderung" (Merkel 2019), mit erheblichen Einschnitten auch für die Finanzmärkte.

Erste Ansätze zur Analyse von Klimarisiken für die Finanzmärkte gab es in der Versicherungswirtschaft Mitte der 70iger Jahre des letzten Jahrhunderts. So gründete die Münchener Rückversicherung-Gesellschaft bereits 1974 eine eigene Abteilung für Naturgefahren, die Geo Risiko Forschung. Und bereits 2004 warnte der Leiter dieses Bereichs Gerhard Berz in einem Zeitungsinterview vor den Folgen des Treibhauseffektes für das globale Finanzsystem durch den hohen CO_2-Ausstoß (Krägenow 2004). In jüngster Zeit hat sich diese Analyse auf den Bankensektor und damit auf wesentliche Teile des Finanzmarktes ausgeweitet. Die Diskussion über die Auswirkungen solcher Risiken für die Banken ist vergleichsweise neu. In Deutschland findet sich eine vertiefende Diskussion dazu seit rund einer Dekade – u. a. durch das Wuppertaler Institut für Klima, Umwelt, Energie, das sich als eines der ersten Institute mit diesem Thema auseinandergesetzt hat (Onischka 2009).

Ist die Diskussion über die Wechselwirkungen zwischen Klimawandel und den Finanzmärkten schon relativ neu, so stehen die Überlegungen über die praktischen Auswirkungen des längerfristigen Klimawandels für viele Unternehmen der Finanzindustrie noch in den Startlöchern. Zentrales Problem etwa für Risikoabschätzungen ist, dass der Prozess des Klimawandels weder zeitlich noch regional eingegrenzt werden kann und klimawirksame Prozesse durch Trägheit

© Springer Fachmedien Wiesbaden GmbH, ein Teil von Springer Nature 2020
J. Weeber, *Klimawandel und Finanzmärkte*, essentials,
https://doi.org/10.1007/978-3-658-28925-6_3

gekennzeichnet sind, die z. B. über die üblichen Risikomanagementabläufe bei Banken hinausgehen. Dabei schlagen die Risiken durch den Klimawandel stärker als bisher angenommen auf die Finanzmärkte durch, aktuelle Untersuchungen bestätigen dies: „Our results suggest that temperature shocks have a negative impact on ... economic activity and financial markets by lowering long-run growth prospects and asset valuations" (Donadelli et al. 2017, S. 349).

Bezogen auf die Teilnehmer an den Finanzmärkten stellen sich die Risiken bzw. Anforderungen unterschiedlich dar. Während sich Zentralbanken und/oder andere (Aufsichts-)Behörden im Wesentlichen um die Umsetzung politischer Vorgaben kümmern oder über die neuen Herausforderungen etwa für die Geldpolitik diskutieren, geht es für Versicherungen und Banken um Fragen des Geschäftsmodells, im Extremfall um das Fortbestehen des Unternehmens. Dabei stellt sich unter Risikogesichtspunkten die Ausgangslage für Versicherungen im Vergleich zu Banken etwas einfacher dar, da hier die Folgen außergewöhnlicher Wetterereignisse bereits frühzeitig Teil des Risikomanagements waren.

Für Banken erweitert der Klimawandel die Palette der bekannten Risikoarten, wie Zinsänderungs-, Fremdwährungs- oder Liquiditätsrisiko, um solche Risiken, die aus der erwarteten weiteren Erwärmung unseres Globus entstehen. Daher müssen in Zukunft auch Risiken des Klimawandels betrachtet werden. Hier werden physische Risiken und Transitions- oder Übergangsrisiken sowie Risiken, die aus politischen Entscheidungen zur Bekämpfung des Klimawandels resultieren und Risiken für das Finanzsystem insgesamt unterschieden.

3.1 Physische Risiken

Hierunter fallen Extremwetterereignisse und deren Folgewirkungen mit direkten physikalischen Einflüsse auf Vermögenswerte (z. B. Schäden an Gebäuden und Infrastruktur, Produktionsanlagen durch Starkniederschläge und/oder Stürme) oder Veränderungen der Klimabedingungen (Auswirkungen von Trockenperioden/veränderter Niederschlagsmuster auf die Landwirtschaft, die Verschlechterung der Schneebedingungen für den Wintertourismus; Anstieg des Meeresspiegels mit Auswirkungen auf tiefliegende Küstenstädte und Regionen). Die Auswirkungen können hierbei bis zum Zusammenbruch von gesamten Wertschöpfungsketten gehen (z. B. durch Beschädigung von Produktionsanlagen).

Für Versicherungen können entsprechende Risiken etwa im Bereich der Wohngebäudeversicherung durch Sturm, Überflutung, Waldbrand oder Hagel existieren. „Ebenfalls können sich Schäden in der Betriebsunterbrechungsversicherung erhöhen. Eine neuartige Intensität und/oder Häufigkeit solcher Ereignisse ist (noch) nicht angemessen durch versicherungstechnische Rückstellungen oder in der Messung des Prämienrisikos reflektiert. In diesem Zusammenhang ist auch zu bedenken, dass Versicherungsunternehmen durch dasselbe Nachhaltigkeitsrisiko sowohl aktiv- wie passivseitig getroffen werden können" (BaFin 2019, S. 15). Durch eine höhere Volatilität und einer Zunahme von Extremwetterereignissen entsteht für Versicherungen damit das Problem einer möglichen unzureichenden Versicherungsabdeckung. Und dieses Problem wird bei sich „weiter verkürzenden Naturkatastrophenzyklen" (Pierschel 2018, S. 1000) noch bedeutsamer: „Insurance claims from natural losses have already quadrupled since the 1980 s" (International Monetary Fund 2019, S. 83).

Für Versicherungen haben die genannten Ereignisse insofern Relevanz, als die dadurch ausgelösten Schäden zwar zunächst beglichen werden müssen. In solchen Fällen und bei nicht ausreichenden Rückstellungen der Versicherungsgesellschaften sind kurzfristige Kapitalaufnahmen oder der Verkauf von Vermögensanlagen zwar notwendig. Eine durch höhere Versicherungsprämien ‚richtige' Bepreisung gleichen diese Ausgaben aber wieder mit einem time-lag aus. Gegebenenfalls werden keine Versicherungen mehr für solche Extremwetterereignisse angeboten, sodass das Risiko für die Versicherungen gänzlich vermieden wird. Schätzungen für eine Unversicherbarkeit von Risiken durch den Klimawandel gehen von einer Erderwärmung von +5 °C aus (CRO-Forum 2019, S. 30 f.). Das Risiko wird dann auf die (ggf. ehemals) versicherten Unternehmen abgewälzt. So hat etwa die Allianz Mitte 2018 den Verzicht auf die Versicherung von Kohlekraftwerken verkündet (Allianz SE 2018). Damit werden die Folgen beim Auftreten klimabedingter Risiken auf die Realwirtschaft und/oder auf eine staatliche Absicherung übertragen (Grund 2019, S. 30). Die Versicherungsdeckung verringert sich dadurch zwar, die gesamtwirtschaftlichen Kosten bleiben aber unverändert.

Für Banken insgesamt werden die Risiken aus solchen Ereignissen als eher unterproportional bedeutend eingeschätzt. Für Kreditinstitute unmittelbar, könnten die möglichen operationellen Risiken etwa in den Schließungen von Bankfilialen liegen. Stärkeres Gewicht könnte dagegen eine zurückhaltendere Kreditvergabepolitik an Unternehmen erhalten, die von solchen physischen Ereignissen betroffen sind. Angesichts der in Deutschland im Jahr 2018 aufgetretenen Dürreschäden ist hier etwa der Bereich Landwirtschaft zu nennen – mit der Folge einer intensiven Diskussion über die finanzielle Kompensation der dadurch ausgelösten Ernteausfälle. Neben den kreditvergebenden Banken könnten damit auch staatliche Unterstützungsleistungen relevant werden.

Wenig erforscht sind die Auswirkungen auf Länder bzw. Ländergruppen und die daraus resultierenden Wirkungen auf die Ratings dieser Staaten. Die physischen

Risiken für bestimmte Länder bzw. Ländergruppen werden durch den Klimawandel zunehmen. Bisher kam es zwar nur zu Herabstufungen der Kreditwürdigkeit einzelner Staaten durch Ratingagenturen (Munich Re 2013, S. 9), bei einem deutlichen Anstieg des Meeresspiegels etwa, wären allerdings große Flachlandgebiete und Inselstaaten von solchen Entwicklungen besonders betroffen – und damit auch die Anleihen dieser Regionen/Staaten.

3.2 Transitionsrisiken

Hierunter fallen Risiken, die durch den Übergang zu einer kohlenstoffarmen Wirtschaft (low carbon economy) entstehen und zu einer Neubewertung von Anlagen führen. So würde z. B. eine durch eine veränderte Gesetzgebung erzwungene geringere Nachfrage nach Strom aus Kohlekraftwerken zu Abschreibungen auf Investitionen in Kohlekraftwerken führen (brown investment). Physische und solche Übergangsrisiken können dabei in einem engen Zusammenhang stehen. So sind etwa politische Reaktionen (z. B. Verbote von Stromproduktionen in Überschwemmungsgebieten) bei extremen physischen Ereignissen denkbar (South Pole Group 2016, S. 20). Grundlegendes Problem von Transitionseffekten ist die Schwierigkeit bei der Abschätzung, welche Technologien sich tatsächlich durchsetzen werden, um klimabedingte Folgen zu reduzieren bzw. gänzlich zu vermeiden: „First mover ist not always the best mover" (Hilgers 2019, S. 28). Dies betrifft daher Transitionsrisiken die aus Technologierisiken, wie etwa das Aufkommen alternativer erneuerbarer Energieproduktionen, resultieren.

Neben eher direkten Transitionsrisiken (Bewertung von Anlagen für die Produktion oder Verwendung klimasensitiver Produkte), dürften in der Risikoabschätzung für Versicherungen und Banken aber Abwertungen von Finanzanlagen die größere Bedeutung haben. Klimaveränderungen können so zu Neubewertungen von Kapitalanlagen, wie etwa Aktien, Unternehmensanleihen oder Investmentfonds führen. Eine im Februar 2016 veröffentlichte Studie analysiert die Auswirkungen einer vollständigen Abschreibung von Unternehmen in klimasensiblen Sektoren auf die Aktienanlagen der 50 größten börsennotierten Banken in der Europäischen Union (Battiston et al. 2016). Zu diesen Sektoren gehören fossile Brennstoffe, Versorger und energieintensive Unternehmen (z. B. in der Aluminium-, Stahl- und Zementindustrie). Neben den direkten Auswirkungen auf die bestehenden Portfolioinvestitionen werden auch die Bewertungsabschläge für die betroffenen Banken einbezogen, also Investitionen, die in diese Banken durch Dritte vorgenommen wurden. Im Wesentlichen handelt es sich hierbei um bestehende Interbankenverbindlichkeiten/-forderungen. Eine Abschätzung über

Tab. 3.1 Effekt einer 100 % Abwertung der Aktieninvestitionen der fünfzig größten börsennotierten Banken in der EU in Unternehmen in klimasensitiven Sektoren in Prozent des Aktienkapitals der Banken. (Quelle: Battiston et al. 2016, S. 17)

	Klimasensitive Sektoren			
	Fossile Energien	Fossile Energien, Versorger	Fossile Energien, Versorger, Energieintensive Sektoren	Fossile Energien, Versorger, Energieintensive Sektoren, Immobilien, Transport
Zweitrundeneffekte	2,55	3,79	13,18	15,09
Drittrundeneffekte	6,08	9,75	27,91	30,24

die Größenordnungen der Abwertungen zeigt Tab. 3.1. Methodische Schwierigkeiten zur Berechnung solcher Abwertungen resultieren allerdings aus der mangelhaften Datenlage und der Unabsehbarkeit politischer und/oder regulatorischer Eingriffe.

3.3 Politische Risiken

Hier werden die Auswirkungen direkter politischer Einflüsse erfasst, die zu einer allgemeinen Änderung der Klimapolitik der Regierung führen können – wie etwa bei der Energiewende geschehen. Die Auswirkungen solch politischer Einflussnahme können erheblich sein (Auflagen, Gebote, Verbote und/oder finanzielle Eingriffe in Produktion, Produkte oder Dienstleistungen). Die Einführung einer generellen Besteuerung des CO_2-Ausstoßes oder eine andere Form der Internalisierung externer Klimakosten oder sogar ein generelles Verbot von Verbrennungsmotoren, dürfte einzelne Wirtschaftsbereiche schwer treffen. So wirkt sich die Einführung des CO_2-Preises durch höhere Öl- und Gaskosten und höhere Stromkosten durch Versorger, die Abgaben zahlen müssen, auf den Wohnungssektor aus (South Pole Group 2016, S. 66).

Dabei sind das Risiko des Ausmaßes politischer Regulierung und die Umsetzgeschwindigkeit gravierender Einschnitte umso größer, je deutlicher die umweltund gesellschaftlichen Risiken aus der Klimaveränderung werden, vor allem wenn es um sogenannte Kipp-Elemente geht: Bei Überschreiten der Kipp-Schwelle ‚Globale Erwärmung über 2 °C' könnte das Risiko stark ansteigen, „dass große Teilsysteme des Klimasystems in neue, teilweise nicht mehr umkehrbare Zustände kippen könnten." (Deutscher Bundestag 2017, S. 1). Das Überschreiten solcher Tipping Points wird mit sich gegenseitig verstärkenden Effekten und dementsprechend deutlichen Temperaturanstiegen verbunden sein. Daraus dürften aber massive politische/regulatorische Eingriffe resultieren – mit den entsprechenden drastischen Auswirkungen auf die einzelnen Segmente der Finanzmärkte. Aus diesen direkten politischen Eingriffen können auch gewollte Änderungen im Konsumverhalten der privaten Haushalte entstehen, wie z. B. bei den gesetzlichen Eingriffen zur schrittweisen Abschaffung der Glühbirnen – wenn auch dort in einem deutlich gemäßigteren Maße, wie dies bei Kipp-Effekten der Fall sein dürfte. Politische Risiken werden in solchen Fällen auch zu Transitionsrisiken führen.

Die Quantifizierung der finanziellen Gesamtrisiken für Versicherungen und Banken aus den Folgen der Klimaveränderung steht noch am Anfang, vor allem die wertmäßigen Auswirkungen politischer Eingriffe, etwa die einer allgemeinen CO_2-Abgabe mit der Wirkung einer Strafsteuer auf den Verbrauch von Benzin, Gas und Kohle, erscheint schwierig. Dagegen liegen für Aktiengesellschaften der Realwirtschaft erste Schätzungen über die Auswirkungen von politischen Maßnahmen vor. Bezogen auf die im deutschen DAX gelisteten größten deutschen Unternehmen sind die Belastungen durch eine CO_2-Steuer auf der Basis vier verschiedener Szenarien (politische Entscheidungen, die zu einer Belastung von 30, 50, 100 und 200 €/t CO2 führen) berechnet worden. Danach ergeben sich für die vier am ungünstigsten abschneidenden Unternehmen (bezogen auf die Kennziffer EBIT) die in Tab. 3.2 dargestellten Effekte (bezogen auf die zwei Extremvarianten der CO_2-Belastung).

Tab. 3.2 Jährliche finanzielle Auswirkungen einer CO_2-Verteuerung (in Millionen EUR). Quelle: Union Investment (2019, S. 23)

Unternehmen	Bei 30 €/t CO_2	Bei 200 €/t CO_2	Kostenquote[a]
HeidelbergCement	1.608,6	10.724,2	256,8
Linde PLC	822,0	5.479,8	87,4
RWE AG	254,7	1.698,3	84,7
Deutsche Lufthansa	733,8	4.891,8	81,9

[a]Mittelwert aller vier Szenarien; Bezugsbasis EBIT 2018; eigene Darstellung

3.4 Finanzstabilitätsrisiken

Die Auswirkungen des Klimawandels können auch die Finanzmarktstabilität beeinträchtigen. Dies gilt vor allem bei allumfassenden, grundlegenden politischen Eingriffen, die nachhaltig das bestehende Wirtschaftssystem beeinflussen oder gar verändern. Die wirtschaftlichen Effekte von Maßnahmen zur Reduktion von Treibhausgasemissionen werden weltweit insgesamt negativ eingeschätzt. Die Schätzungen hinsichtlich der Produktionsaktivitäten reichen, in Abhängigkeit von den gewählten Annahmen (z. B. Bevölkerungswachstum, technologische Entwicklungen, Verlagerungen von CO_2-intensiven Produktionsaktivitäten ins mit geringerer CO_2-Bepreisung belastete Ausland [Carbon Leakage]), von leichten Verringerungen des Bruttoinlandsproduktes in Industrieländern (z. B. Deutschland) bis hin zu massiven Einschnitten in Entwicklungs- und Schwellenländern – falls zwischenstaatliche Kompensationen unterbleiben. Selbst weitgehende makroökonomische Schocks, wie etwa durch Klimaveränderungen ausgelöste massive Wanderungsbewegungen, sind nicht auszuschließen (Sachverständigenrat zur Begutachtung der gesamtwirtschaftlichen Entwicklung 2019, S. 10, 87, 103 f.; Rigaud 2018). Die volkswirtschaftlichen Kosten des Klimawandels dürften damit erheblich sein. Bereits im Jahre 2006 erschienenen Stern-Report wurde der Versuch unternommen, die gesamtwirtschaftlichen Kosten der Erderwärmung zu quantifizieren. Bei Nichtreaktion auf den Klimawandel könnten demnach, so die damaligen Schätzungen, die jährlichen Gesamtkosten je nach Rahmenbedingungen zwischen 5 % bis 20 % der globalen Wirtschaftsleistung betragen (Stern 2006). Negative Auswirkungen auf das Wirtschaftswachstum sind deshalb nicht auszuschließen. Ungeachtet der z. T. kritischen Würdigung in der wissenschaftlichen Literatur liegen damit wenigstens Anhaltspunkte vor, welch bedeutenden Einfluss der Klimawandel auf die Volkswirtschaften haben kann. Gleichwohl bleibt die Herausforderung „to understand how the financial system and economy interact in different climate transition scenarios" (Carney 2019).

Die Verwirklichung einer kohlenstoffarmen Wirtschaft ist damit auch aus Sicht der Finanzmarktstabilität anzustreben. Die Europäische Zentralbank (EZB) hat daher auch im Mai 2019 veröffentlichten Finanzstabilitätsbericht ausführlich über Klimarisiken berichtet und damit den Zusammenhang zwischen Klimawandel und Finanzmarkt sichtbar dokumentiert (EZB 2019b). Der Sachverständigenrat zur Begutachtung der gesamtwirtschaftlichen Entwicklung weist in diesem Zusammenhang auf eine mögliche ‚Carbon Bubble' hin, die Ausdruck einer Differenz zwischen den Pariser Klimazielvereinbarungen und ihren dafür notwendigen CO_2-Verminderungen, den bestehenden Schürf- und Förderplänen der Energieunternehmen und damit deren Firmenbewertungen ist (Sachverständigenrat zur Begutachtung der gesamtwirtschaftlichen Entwicklung 2019, S. 124 f.). Sollten diese Schürf- und Förderpläne korrigiert werden, würde es zu massiven Vermögensabwertungen kommen, die eine Gefahr für die Finanzstabilität insgesamt darstellen. Simulationsrechnungen kommen zu einem weltweiten Vermögensverlust durch das Platzen einer ‚Carbon Bubble' bis zu einer Größenordnung von vier Billionen US-Dollar (Mercure 2018).

Mithin würden solche Investitionen in Unternehmen und Unternehmensbeteiligungen zu ‚stranded assets' führen. Typische ‚stranded assets' sind damit Vermögenswerte, die durch politische Entscheidungen, unvorhergesehenen Änderungen von Regulierungsvorschriften, der physischen Umwelt, sozialen Normen oder neuen Technologien eine nicht erwartete Abwertung erfahren und dadurch massiv an Wert verlieren und damit zu einem Existenzrisiko für die betroffenen Unternehmen werden: „Beispielsweise ist die Marktkapitalisierung der großen amerikanischen Kohleunternehmen in den vergangenen fünf Jahren um etwa 60 Prozent, in den vergangenen zehn Jahren um etwa 90 Prozent gefallen. Und das, während der amerikanische Aktienmarkt insgesamt von Rekord zu Rekord eilt" (Dombret 2018, S. 17; sowie South Pole Group 2016, S. 50). Engagements in der Kohleindustrie sind auch durch den Rückzug des norwegischen Staatsfonds aus Investments von Kohleverwendern kritisch zu beurteilen (Ruhkamp 2019). Ähnliche Reaktionen, wenngleich nicht im identischen quantitativen Ausmaß, wurden auch für die Aktien deutscher Energieversorger im Zuge der deutschen Energiewende im Zuge der Fukushima-Katastrophe festgestellt, als es zu einer Neubewertung der Kapitalmarktteilnehmer für die entsprechenden Unternehmensrisiken kam (von Flotow 2013, S. 88). Sollten davon ganze Wirtschaftszweige betroffen sein, könnte damit eine Gefährdung für den Finanzmarkt insgesamt vorliegen. Im Hinblick auf diese Auswirkungsebene sollten mögliche systemische Risiken vor allem im Rahmen der makroprudenziellen Überwachung analysiert werden, wie sie unter Abschn. 5.2 aufgezeigt werden.

Der Internationale Währungsfonds hat deshalb Klimarisiken unter dem Blickwinkel der Finanzstabilität beurteilt und kommt zu dem Schluss, dass „potential impact of climate risks is large, nonlinear, and hard to estimate. Losses from climate-related risks affect the financial system directly, through price impairment, reduced collateral values, and underwriting losses, and indirectly, through lower economic growth and tighter financial conditions" (International Monetary Fund 2019, S. 83) und hat deshalb den Umgang mit Klimarisiken in seine Überwachungsfunktion aufgenommen.

Die zuvor genannten Risikokategorien (physische Risiken, Transitionsrisiken, politische Risiken, Finanzstabilitätsrisiken) wirken sich je nach Durchdringungsgrad in Wirtschaft und Gesellschaft unmittelbar bzw. mittelbar auf die Finanzmärkte aus. Hier kann zwischen verschiedenen Wirkungsebenen unterschieden werden, die sich in Erstrunden- (direkte Auswirkungen auf Finanzmarktakteure), Zweitrunden- (Finanzanlagen von Marktteilnehmer in von Erstrundeneffekten betroffene Institute) und Drittrundeneffekte (durch Spillover-Effekte resultierende Auswirkungen auf die Anlagen weiterer Finanzinstitutionen) auswirken (South Pole Group 2016, S. 22). Mithin kommt es beim Eintreten solcher Effekte zu vergleichbaren Abläufen wie beim Zusammenbruch des Interbankenmarktes während der Finanzkrise 2008 im Gefolge des Vertrauensverlustes durch die Insolvenz der (systemrelevanten) Investmentbank Lehman Brothers. Solche System-destabilisierende Drittrundeneffekte werden deshalb auch am wahrscheinlichsten im Bankensektor auftreten und können damit Einfluss auf das gesamte Finanzsystem haben – vor allem wenn systemrelevante Institute betroffen sind. Damit sind auch indirekte Drittrundeneffekte denkbar, wenn Banken zwar nicht untereinander in Geschäftsbeziehungen stehen, aber vergleichbare Geschäftsmodelle existieren.

Kostenschätzungen können bisher allenfalls für physische Risiken und als Erstrundeneffekt vergleichsweise gut aus den Daten der Versicherungswirtschaft abgeleitet werden; für den Bankensektor sind – wie bereits erwähnt – physische Risiken weniger von Bedeutung. Daher geht das Gutachten für das Bundesministerium der Finanzen von einer größeren Risikorelevanz für Banken durch Transitionsrisiken und durch Zweit- und Drittrundeneffekten aus (South Pole Group 2016). Die Quantifizierung der daraus resultierenden finanziellen Gesamtrisiken steht noch am Anfang. Schätzungen für das Jahr 2012 für die Staaten der Europäischen Union reichen bis zu einem Umfang der Subprime-Kredite in den USA zu Zeiten der Finanzkrise: „The total estimated exposures are approximately € 260–330 billion for EU pension funds, € 460–480 billion for banks and € 300–400 billion for insurance companies." (Weyzig 2014, S. 5).

Die genannten quantitativen Dimensionen bergen allerdings erhebliches Unsicherheitspotenzial. Die Prognose der Größenordnung physischer und Transitionsrisiken wird durch die Ungewissheit von Eintrittswahrscheinlichkeit und Eintrittsgeschwindigkeit erschwert. Vor allem die wertmäßigen Auswirkungen politischer Eingriffe sind derzeit nicht abschätzbar. Hier dürften sich aber wesentliche Änderungen zumindest mit einem zeitlichen Vorlauf ankündigen. So wird denn auch in der Frage der Eintrittsgeschwindigkeit politischer Vorgabenänderungen das eigentliche Risiko für die Finanzmarktstabilität gesehen: „…dass eine klimaseitige Bedrohung für die Finanzmarktstabilität nicht besteht, so lange klimapolitische Maßnahmen mit hoher Eingriffstiefe nicht abrupt, sondern in angemessenen Anpassungsphasen implementiert werden" (Brockmann 2017, S. 3).

Beitrag der Finanzmärkte zur Abschwächung des Klimawandels – Green Banking

4

In der bankgeschäftlichen Praxis werden die Risiken für Anleger in klimarelevante Papiere (Anlagen, zur Reduzierung der Folgen von oder der Abschwächung der Erderwärmung) höher eingeschätzt als eine daraus zu erzielende Rendite (May 2019). ‚Grüne' Kapitalanlagen bieten neben den Risiken aber auch Chancen. Etwa, wenn es um die Erschließung neuer Geschäftsfelder geht, in denen die gezielte Kreditvergabe für Investitionen in umwelt- und klimafreundliche Technologien getätigt werden, die die Folgen des Klimawandels bekämpfen (‚Green Finance'). Umwelt- und Klimapolitik bieten damit auch ökonomische Chancen. Green-business- und Low-carbon-Innovationen (Investitionen zur nachhaltigen Verringerung der Kohlendioxidemissionen, z. B. in erneuerbare Energien, energieeffiziente Immobilien, neue Logistiklösungen, Verbesserung der Energieeffizienz von Produktionsprozessen durch den Umstieg auf emissionsarme Technologien, Förderung der Elektromobilität, Ausbau der Netz- und Speicherinfrastruktur) wurden bereits frühzeitig als der wahrscheinlich größte Wachstumsmarkt der Weltwirtschaft angesehen (Messner 2010, S. 32). Innovative Unternehmen aus den Industriestaaten dürften davon tendenziell am ehesten profitieren. Klimawirksame politische Vorgaben werden damit auch Anreize für Innovationen (auch in klimafreundlichere Produkte) und Investitionen liefern.

Für diese Innovationen und Investitionen wird Kapital benötigt. Grobe Schätzungen gehen von einem notwendigen jährlichen Investitionsvolumen in Höhe von mindestens 180 Mrd. € zusätzlich für die EU (Angaben nur für die Bereiche Klima und Energie) zur Verwirklichung der eigenen Klimaziele im Jahre 2030 aus (Europäische Kommission 2018a, S. 2). Der weltweite Investitionsbedarf dürfte deutlich darüber hinausgehen. So werden zur Realisierung der 17 Nachhaltigkeitsziele der Vereinten Nationen jährliche Infrastrukturinvestitionen in Höhe von 6,9 Billionen US\$ veranschlagt. Ein Großteil wird davon für klimapolitische Ziele zu verwenden sein (OECD 2018, S. 84).

© Springer Fachmedien Wiesbaden GmbH, ein Teil von Springer Nature 2020   19
J. Weeber, *Klimawandel und Finanzmärkte*, essentials,
https://doi.org/10.1007/978-3-658-28925-6_4

Der überwiegende Teil der Finanzmittel soll im Rahmen sogenannter Green-Banking-Instrumente aufgebracht werden. Einen wesentlichen Beitrag zum Klimaschutz werden hier staatlichen (Sovereign Green Bonds) und privaten Anleihen (durch Entwicklungs- und Förderinstitute, Unternehmen) zugerechnet, die mit dem Begriff ‚Green Bonds' bezeichnet werden (so genannte ‚Sustainability Bonds' enthalten zusätzlich zu den grünen Elementen der Investitionsfinanzierung noch Aspekte von ‚Social Bonds' im Rahmen der ESG-Kriterien ‚Environmental, Social und Governance'). Damit sind Schuldverschreibungen öffentlicher Institutionen gemeint, deren am Kapitalmarkt aufgenommene Mittel in ‚grüne' Investitionen fließen. Die Nachfrage nach solchen Kapitalanlagen ist in letzter Zeit erheblich gestiegen. So übertraf die Nachfrage nach einem solchen Bond (Netherlands Sovereign Green Bond) das entsprechende Angebot im Mai 2019 um fast das 3½-Fache (Climate Bonds Initiative 2019a). Und der Finanzierungsbedarf ist erheblich. So schätzt etwa die Boston Consulting Group in Zusammenarbeit mit Prognos den Investitionsmehraufwand für Deutschland zur Erreichung seiner Klimaziele bis zum Jahre 2050 auf bis zu 2,3 Billionen Euro. Dabei würde ein Drittel auf den Bereich Verkehr, knapp 30 % auf den Bereich Energieverbrauch in privaten Haushalten und im gewerblichen Bereich entfallen. Der Rest wäre für Investitionen im Infrastrukturbereich der Stromerzeugung und für effizientere Verfahren in der produzierenden Industrie notwendig (Boston Consulting Group/Prognos 2018, S. 86 f.). Insgesamt aber ist das derzeitige Anlagevolumen in ‚grüne' Anleihen noch unterentwickelt. Nach Ausführungen des Vorstandsmitglieds der Deutschen Bundesbank, Sabine Mauderer, machen ‚Green Bonds' nur 1 % des weltweiten Anleihe Volumens aus (Mauderer 2019a).

Bisher nur unzureichend beantwortet ist die Frage, wie eine ‚grüne' Kapitalanlage genau definiert ist. Die sogenannte EU-Taxonomie soll ein entsprechendes Klassifikationssystem für den Begriff ‚ökologische Nachhaltigkeit' liefern (Kriterien zur Bestimmung der ökologischen Nachhaltigkeit einer Investition bei Investitionsentscheidungen). Allerdings sollen hierdurch zunächst nur Kriterien zur Kennzeichnung entsprechender Produkte festgelegt werden, eine explizite Kennzeichnung einer solchen Kapitalanlage als eindeutiges ‚klimafreundliches Produkt' unterbleibt. Ob eine solch eher unverbindliche Kennzeichnung ausreichend sein wird, ist fraglich. Notwendig wären vielmehr Referenzwerte für klimafreundliche/klimaunfreundliche Anlageprodukte. Hierfür müssten allerdings feste CO_2-Werte als Kriterium definiert werden. Zudem bedarf es weitergehender Transparenzanforderungen, da Kunden erkennen müssen, in welche ‚grünen' Produkte bzw. Investitionen sie ihr Kapital anlegen. Ein weltweites Rahmenwerk zur einheitlichen und eindeutigen Kategorisierung nachhaltiger und damit auch klimafreundlicher Kapitalanlagen gibt es aber nicht (Deutsche Bundesbank 2019b, S. 15).

Unterstützt könnten Überlegungen zur Anlageempfehlung durch kapitalmarktbasierte Verfahren zur Einschätzung über Risiken, aber auch Chancen klimarelevanter Anlagetitel, wie es etwa das Projekt CARIMA (Carbon Risk Management) der Universität Augsburg darstellt. Damit soll es für Anleger ermöglicht werden, ein für das spezielle Depot ermittelte CO_2-Risiko zu berechnen. Grundlagen sind hier u. a. historische Renditezeitreihen des jeweiligen Anlagetitels (Wilkens 2019). Die Einführung eines Öko-Labels für Finanzprodukte ist von der Europäischen Kommission vorgeschlagen und soll 2020 erfolgen. Die Ausgestaltung ist aber noch offen. Damit werden auch Aspekte des Verbraucherschutzes berührt, die hier aber nicht vertieft werden.

Unter Renditegesichtspunkten gehen die Aussichten für ‚grüne' Anlagen auseinander. Insbesondere dann, wenn die Risikosichtweise vernachlässigt wird. Da eine zweckgebundene Verwendung solcher Kapitalanlagen vorgesehen ist, muss neben dem Klassifizierungsverfahren auch die Messbarkeit der Klimarelevanz des finanzierten Projektes gegeben sein. Wissenschaftlich ist „aber bisher nicht geklärt, ob und in welchem Umfang Nachhaltigkeitsaspekte Anlagerenditen strukturell und kausal erklären können" (Deutsche Bundesbank 2019b, S. 19). Das dürfte auch für das bedeutende Teilsegment der ‚grünen' Anlagen gelten. In der Theorie dürfte sich der Renditeappetit von Anlegern in ‚grüne' Anlagen nicht von dem des durchschnittlichen Anlegers unterscheiden – vergleichbare Risiken vorausgesetzt. Bei einem Vergleich von Anlagen der beiden Emittenten KfW (Kreditanstalt für Wiederaufbau) und EIB (Europäische Investitionsbank) sind keine wesentlichen Renditeunterschiede zwischen konventionellen und ‚grünen' Anleihen erkennbar (Deutsche Bundesbank 2019b, S. 23).

Auf der Risikoseite wird dagegen vor einem Green Supporting Factor gewarnt. Dabei geht es um die bevorzugte Behandlung von Green Bonds etwa in Form von ‚Rabatten' bei der Eigenkapitalunterlegung (etwa analog der so genannten ‚Nullgewichtung' von Staatsanleihen, wonach Banken diese nicht mit Eigenkapital unterlegen müssen). Damit würde das Risiko solcher Investments negiert, so der Vorwurf. Schließlich könnten niedrigere Kapitalanforderungen nur im Rahmen geringerer Kreditrisiken, etwa hinsichtlich des Adressenausfallrisikos gewährt werden. Solange dies nicht gewährleistet sei, erfordere die risikoorientierte Sichtweise der Aufsicht aber eine Gleichbehandlung der Investitionen von Banken. Klimafreundliche Anlagen müssten also, so die Forderung, nachhaltig risikoärmer sein. Sollte das nicht der Fall sein (etwa, weil sich ‚grüne' Investments als nicht so ‚grün' herausstellen), wäre eine regulatorische Bevorzugung solcher Anlagen nicht statthaft (Hufeld 2018). Eine solche Privilegierung grüner Geldanlagen würde einen Systembruch für das bestehende Bankenaufsichtsrecht bedeuten. (Möslein und Mittwoch 2019, S. 487). Andere Forderungen etwa des ehemaligen Gouverneurs der Bank of England, Mark Carney, laufen dagegen auf einen ‚brown-penalising factor' hinaus, also einen Zuschlag bei nicht klimafreundlichen Anlagen (Binham und Crow 2018). Wodurch die Refinanzierung solcher Investitionen teurer und damit unattraktiver würde.

Eine faktische und öffentliche Aufwertung grüner Investments findet durch die Anlagerichtlinien von Zentralbanken statt. So hat die ‚Bank der Zentralbanken', die Bank für Internationalen Zahlungsausgleich (BIZ) im September 2019 einen ‚Green Bond' aufgelegt, in den die Zentralbanken Teile ihre Reserven (z. B. Devisenreserven) anlegen können (Bank für Internationalen Zahlungsausgleich 2019). Möglicherweise werden durch die von Zentralbanken oder anderen (quasi)öffentlichen Einrichtungen (die z. B. als Vermögensverwalter öffentlicher Mandatsgeber etwa für Pensionsrückstellungen öffentlicher Bediensteter tätig sind) so Standards gesetzt, die auch von privaten Kapitalgebern als Richtschnur verwendet werden können. Unterstützt werden solche Standardsetzungen durch kommunikative Mittel. Die bisherigen privaten Standardsetzungen durch die International Capital Market Association (ICMA, Green Bond Principles; s. International Capital Market Association 2018) oder durch die Climate Bonds Initiative (CBI, Climate Bonds Standards; s. Climate Bonds Initiative 2019b) bieten hier Anhaltspunkte. Die Kernkomponenten z. B. der Green Bond Principles stellen die Verwendung der Emissionserlöse, die Projektbewertung und -auswahl, das Management der Erlöse und die Form der Berichterstattung dar (Pankiewiecz und Bundschuh 2018). Die Zentralbanken könnten daher eine Art Vorbildfunktion bei der Einschätzung grüner Anleihen einnehmen. So wurde vom NGFS im Oktober 2019 anlässlich der Jahrestagung des Internationalen Währungsfonds und der Weltbankgruppe ein Handbuch zum nachhaltigen Portfoliomanagement von Zentralbanken vorgestellt (Mauderer 2019b). Und auch die EZB könnte im Rahmen ihrer Anleiheaufkaufprogramme auf ‚grüne' Anlagen setzen. Zumindest deuten Äußerungen der neuen Präsidentin der EZB, Christine Lagarde, darauf hin, dass der Aspekt des Klimawandels stärker in den Fokus der EZB rückt (Wiebe 2019).

Regulatorische Auswirkungen

5

Versicherer gelten wie bereits beschrieben aufgrund „der bestehenden Katastrophenmodelle, der kurzfristigen Verträge, der Anpassung des Risikokapitals und anderer Möglichkeiten des Risikomanagements (Diversifizierung, Risikotransfer, Anpassung des Deckungsumfanges … generell als gut vorbereitet" (South Pole Group 2016, S. 33), um die Klimarisiken beherrschen zu können. In diesem Kapitel werden daher nur die Risiken für die Banken betrachtet. Gleichwohl stehen auch bei Versicherungen Geschäftsmodelle u. U. zur Disposition (Grund 2019, S. 30). Für den Bereich der Versicherungen gibt es daher ebenfalls Hinweise für den Umgang mit entsprechenden Risiken (International Association of Insurance Supervisors 2018).

Aufsichtsbehörden haben sich mit dem Thema Klimawandel bisher nur unzureichend beschäftigt, wie die Beiträge auf dem Bankenaufsichtssymposium der Deutschen Bundesbank im März 2018 verdeutlichten. Das von verschiedenen Zentralbanken gegründete Netzwerk ‚Central Banks and Supervisors Network for Greening the Financial System (NGFS)' hat erst im April 2019 Empfehlungen für die Aufsichtsbehörden zum Umgang mit klimabedingten Risiken gegeben:

a. „Assessing climate-related financial risks in the financial system by:
   - mapping physical and transition risk transmission channels within the financial system and adopting key risk indicators to monitor these risks;
   - conducting quantitative climate-related risk analysis to size the risks across the financial system, using a consistent and comparable set of data-driven scenarios encompassing a range of different plausible future states of the world;
   - considering how the physical and transition impact of climate change can be included in macroeconomic forecasting and financial stability monitoring.
b. Integrating climate-related risks into prudential supervision, including:
   - Engaging with financial firms:
     - to ensure that climate-related risks are understood and discussed at board level, considered in risk management and investment decisions and embedded into firms' strategy;

© Springer Fachmedien Wiesbaden GmbH, ein Teil von Springer Nature 2020
J. Weeber, *Klimawandel und Finanzmärkte*, essentials,
https://doi.org/10.1007/978-3-658-28925-6_5

>   – to ensure the identification, analysis, and, as applicable, management and reporting of climate-related financial risks.
>   – Setting supervisory expectations to provide guidance to financial firms as understanding evolves." (Network for Greening the Financial System 2019, S. 4 f.)

Ausgehend von diesen implizit formulierten Anforderungen haben in Deutschland die für die Beaufsichtigung von Banken zuständigen Aufsichtsbehörden, die Bundesanstalt für Finanzdienstleistungsaufsicht (BaFin) und die Deutsche Bundesbank, klimabedingte Risiken auf den verschiedenen Finanzmarktebenen in den Fokus genommen. Gewinnt das Thema Klimawandel bei den Aufsichtsbehörden gerade erst an Bedeutung, ist das Thema ‚Klimarisiken' auch in der Privatwirtschaft lange Zeit vernachlässigt worden. So hat sich das Kreditgewerbe z. B. mit der Auseinandersetzung von Kreditrisiken an durch den Klimawandel besonders betroffenen Unternehmen bisher eher zurückhaltend auseinandergesetzt und damit in den internen Prozessen weitgehend nicht oder nur unzureichend berücksichtigt. Im Rahmen des bundesweiten LSI-Stresstests 2019 wurde die Frage nach der Berücksichtigung von Klimarisiken im Risikomanagement von Banken gestellt. Nur 1 % der Banken berichteten von einer umfangreichen, aber zwei Drittel der Institute von einer nur geplanten oder gar nicht vorhandenen Berücksichtigung (Deutsche Bundesbank 2019c, S. 10). Für nicht nachhaltig funktionierende Geschäftsmodelle von Banken dürfte an dieser Stelle daher ein gewisses Risikopotenzial bestehen. Gibt doch der für die Bankenaufsicht zuständige Exekutivdirektor der BaFin Röseler zu bedenken, dass „auf lange Sicht nur ein auf Nachhaltigkeit bedachtes Kreditinstitut auch selbst nachhaltig im Markt bestehen kann" (Röseler 2019, S. 21).

Zudem steht noch die Beantwortung der Frage aus, inwieweit die Risiken aus Klimaveränderungen die Finanzstabilität insgesamt betreffen – und dies nicht nur in Deutschland. Zu berücksichtigen ist ferner die internationale Verflechtung der deutschen Volkswirtschaft. Politische und regulatorische Eingriffe anderer Staaten zur Minderung der dortigen Klimawandelfolgen haben durch die globale Vernetzung der deutschen Volkswirtschaft auch Auswirkungen auf deutsche Firmen. Wegen der ausgeprägten Exportorientierung deutscher Unternehmen wären daraus resultierende Folgewirkungen aber wertvolle Informationen – auch für deren kreditgebende Banken.

Welche Instrumente stehen zur Bekämpfung der Risiken aus dem Klimawandel für die Finanzmarktstabilität grundsätzlich zur Verfügung? Ausgehend von der Definition von Finanzstabilität als „Zustand, in dem die volkswirtschaftlichen Funktionen, also sowohl die Allokation der finanziellen Mittel und Risiken als auch die Abwicklung des Zahlungsverkehrs, effizient erfüllt werden" (Deutsche Bundesbank 2017, S. 5), liegt damit eher eine gesamtwirtschaftliche Sichtweise vor (makroprudenzielle Instrumente). Aus der Erfahrung der Finanzkrise 2008 und der Katalysatorwirkung der Insolvenz einer einzelnen Bank (Lehmann Brothers) für das weltweite Finanzsystem, darf die einzelwirtschaftliche Sichtweise aber nicht vernachlässigt werden (mikroprudenzielle Instrumente). Über Ansteckungs- bzw. Dominoeffekte können Risiken einzelner systemrelevanter (Groß)Banken oder vieler kleine, geschäftspolitisch ähnlich ausgerichteter Banken auch auf die Gesamtwirtschaft und damit das Finanzsystem insgesamt durchwirken.

5.1 Mikroprudenzielle Instrumente

Im Rahmen der mikroprudenziellen Sichtweise geht es um das Verhalten einzelner Akteure auf den Finanzmärkten und deren Beaufsichtigung, die sich auch im Einsatz regulatorischer Instrumente zeigt. Für die Quantifizierung von physischen Risiken für Banken liegen nur geringfügige nationale und internationale Erfahrungen vor, da hier nicht nur für die deutsche Bankenlandschaft ein ‚neues‘ Risiko vorliegt. Und solche Risiken dürften einen erheblichen Einfluss auf Erlöse, Kosten und Vermögenswerte haben. Hinweise über Kostenschätzungen können allenfalls aus den Daten der Versicherungswirtschaft abgeleitet werden. Die Prognose der Größenordnung solcher Risiken wird aber durch die Ungewissheit von Eintrittswahrscheinlichkeit und Eintrittsgeschwindigkeit erschwert. Quantitativ nahezu nicht abschätzbar sind politische Risiken. Hier dürften sich aber wesentliche Änderungen zumindest mit einem zeitlichen Vorlauf ankündigen.

Klimabedingte Risiken können über zahlreiche Übertragungswege Einfluss auf die Geschäftstätigkeit von Banken haben. Dabei stellt die Abschätzung über Bewertungsveränderungen von Kapitalanlagen vermutlich die größte Herausforderung dar. Dabei gilt es, die regulatorischen Vorgaben in die bestehenden Risikomanagementprozesse einzubinden und Strategien für nachhaltige Geschäftsmodelle zu entwickeln. Es ist zu vermuten, dass sich die entsprechenden aufsichtsrechtlichen Anforderungen noch verschärfen dürften. Selbst zusätzliche Kapitalzuschläge bei nicht oder nicht vollständiger Einhaltung der Vorschriften sind denkbar. Auch wenn es noch Widerstände geben sollte hinsichtlich einer deutlich stärkeren bankaufsichtlichen Berücksichtigung klimabedingter Risiken, die Politik hat die Rahmenbedingungen vorgegeben. Die Förderung einer nachhaltigen Politik soll auch über die Finanzmärkte erfolgen, wie die Europäische Kommission formuliert. Davon sind dann auch die Banken betroffen. So hat die BaFin im September 2019 erstmals ein Merkblatt zum Umgang mit Nachhaltigkeitsrisiken veröffentlicht (BaFin 2019). Dort sind die Erwartungen der Finanzmarktaufsicht an die Strategie- und Risikomanagementprozesse u. a. der unter der deutschen Aufsicht stehenden Banken formuliert worden. Dabei geht es weniger um konkrete Handlungsempfehlungen hinsichtlich des Risikogehalts bestimmter Kapitalanlagen oder Kreditvergaben, sondern um eine prozessorientierte Vorgehensweise („Haben Sie an dies und das gedacht?").

In der Praxis könnten Banken zu einer Analyse ihrer klimabezogenen Risiken aufgefordert werden, etwa hinsichtlich ihrer Kreditvergabe an emissionsintensive Unternehmen oder ihrer Vermögensanlagen etwa in Wertpapieren, Fonds oder Immobilien. Eine solche Analyse wird durch die Mindestanforderungen an das Risikomanagement (MaRisk) gedeckt, nach der sich die Geschäftsleitung eines Instituts „regelmäßig und anlassbezogen im Rahmen einer Risikoinventur einen Überblick über die Risiken des Instituts zu verschaffen (Gesamtrisikoprofil)" (MaRisk, AT 2.2 Risiken, 1) hat. Im Rahmen des institutseigenen Risikomanagements wären dafür Prozesse zur Identifizierung, Beurteilung, Steuerung, Überwachung sowie Kommunikationsformen klimabezogener Risiken zu installieren. Wegen „der vielen zu berücksichtigenden Faktoren und diverser Unsicherheiten über zukünftige Klima- und Politikszenarien (…) sind (…) bisherige Prozesse anzupassen und möglicherweise neue, innovative Mess-, Steuerungs- und Risikominderungsinstrumente zu entwickeln" (BaFin 2019, S. 8). Die im Merkblatt stehenden Hinweise sind allerdings (bisher) als unverbindlich anzusehen.

Den Instituten könnte zudem eine Informationspflicht über ihre klimabezogenen Risiken im Lagebericht oder als eigenständiger Risikobericht für die Bankenaufsicht auferlegt werden. Grundlage hierfür bietet etwa Maßnahme 9 („Stärkung der Vorschriften zur Offenlegung von Nachhaltigkeitsinformationen und zur Rechnungslegung') des Aktionsplans ‚Finanzierung nachhaltigen Wachstums' der Europäischen Kommission, in der u. a. die Offenlegung von Nachhaltigkeitsfaktoren, und damit auch klimarelevante Aspekte, in ihren Investitionsentscheidungen vorgeschlagen wird und die auf EU-Ebene in die Verordnung über die Offenlegung von Informationen über nachhaltige Investitionen und Nachhaltigkeitsrisiken mündet.

Damit eine vollständige Beurteilung der institutsspezifischen klimabezogenen Risiken durch die Bankenaufsicht erfolgen kann, wäre eine Anpassung der meldetechnischen Erfordernisse zu prüfen. Es bedarf einer weitergehenden Operationalisierung klimabezogener Risiken und Chancen. Das Meldewesen z. B. im Bereich der Bankenaufsicht ist an dieser Stelle möglicherweise zu wenig granular und damit zu unspezifisch auf klimarelevante Fragestellungen ausgerichtet. Analysen könnten für die unmittelbar vom Klimawandel betroffenen Wirtschaftszweige, wie etwa dem Kohlebergbau, der Energieversorgung oder der Herstellung von Kraftwagen und Kraftwagenteilen, aber auch für zunächst nur mittelbar tangierte Unternehmen der unterschiedlichsten Bereiche vorgenommen werden. Eine nur sich am Wirtschaftszweig orientierte Klassifikation von Klimarisiken greift allerdings zu kurz. So hat der Fahrzeughersteller Porsche AG im Jahre 2019 einen Green Bond in Höhe von einer Milliarde Euro am Kapitalmarkt platziert. Nach Medieninformationen sollen die Mittel ausschließlich für die Entwicklung eines Elektrofahrzeuges verwendet werden (Johannsen 2019). Für die Erfassung im Rahmen des Meldewesens sind daher Wirtschaftszweig bezogene Daten zu unspezifisch.

Die Analysen könnten durch spezifische Umfragen zu klimabezogenen Fragestellungen ergänzt werden. So hat die niederländische Zentralbank im Jahre 2017 eine Umfrage bei ihren Banken bezogen auf CO_2-intensive Wirtschaftszweige durchgeführt, die neben Krediten auch die gehaltenen Anleihen umfasste (De Nederlandsche Bank 2017). Entscheidend sind dabei die Identifizierung geeigneter klimarelevanter Indikatoren und die Möglichkeiten ihrer Operationalisierung. Zudem müssen sie den Banken als melderelevanter Datenbestand zur Verfügung stehen. Auf das Problem der Datenverfügbarkeit und Bewertung weist etwa die Belgische Zentralbank hin (National Bank of Belgium 2019, S. 35 und 107 f.).

Zur Bewertung der Gesamtrisiken ist eine Gesamtbetrachtung des Geschäftsbetriebs notwendig, da klimarelevante Faktoren auf sämtlichen Ebenen einer Bank zukünftig eine Rolle spielen werden:

Geschäftsstrategie
Hierbei geht es um eine Einschätzung der tatsächlichen und möglichen Auswirkungen klimabezogener Risiken und Chancen auf die Geschäftstätigkeit von Instituten, der daraus resultierenden Strategie (inkl. einer Anpassung an veränderte Rahmenbedingungen) und der finanziellen Mittelfristplanung des Instituts. Daraus folgt eine kritische Bestandsaufnahme der bereits bestehenden Kreditvergaben an emissionsintensive Firmen, die ggf. notwendige Anpassung der bestehenden Kreditvergabepolitik und auch die Entwicklung von Kommunikationsstrategien zur Vermittlung von Green Finance Produkten. Eine regelmäßige Überprüfung der Belastbarkeit des Geschäftsmodells auch bei Veränderungen der klimapolitischen Rahmenbedingungen gehört ebenfalls dazu. Bei einer Transformation in Richtung einer CO_2-armen Volkswirtschaft (low-carbon economy) kann es „zu großen Disruptionen von Geschäftsmodellen und somit Kreditausfällen bei Banken kommen" (Knips 2019, S. 2).

Risikomanagement

Identifizierung, Beurteilung, Steuerung, Überwachung sowie Kommunikation klimabezogener Risiken. Aufgrund der bereits bestehenden Anforderungen an das Risikomanagement sollten grundsätzlich die bereits vorhandenen Prozesse auf klimarelevante Fragestellungen angewandt werden können: hinsichtlich Kreditvergabestandards, Einführung interner klimabezogener Reportingpflichten für das Risikomanagement, Rechenschaftsberichten hinsichtlich Klimarisiken. „Finanziert z. B. ein Kreditinstitut mehrere Bauvorhaben in einer von Hochwasser bedrohten Region oder schwerpunktmäßig Unternehmen aus wetterexponierten Branchen, so bestehen besonders hohe physische und regulatorische Klimarisiken" (Barthruff 2014, S. 155). Daher sind Banken angehalten im Rahmen der Überprüfung ihres Kreditbestandes entsprechende (Klima)Klumpenrisiken zu identifizieren. Nicht zu vergessen: angesichts der vergleichsweisen neuen Fragestellungen müssten wohl intensive Fortbildungen im Bereich des Risikomanagements durchgeführt werden.

Im Gegensatz zu den bisher bestehenden Geschäftsrisiken, zeichnen sich Klimarisiken dadurch aus, dass dies langfristige Entwicklungen sind, die zu ungewissen Ergebnissen führen. Die im normalen Risikomanagementprozess verwendeten historischen Datensätze zur Abschätzung der quantitativen Auswirkungen von Kreditausfällen sind nicht vorhanden. Dies gilt umso mehr, als politische Entscheidungen einen zusätzlichen Unsicherheitsfaktor darstellen (Dombret 2017). Eine besondere Herausforderung hinsichtlich der Berücksichtigung klimarelevanter Investitionen in der Geschäfts- und Risikopolitik von Banken stellt damit das zeitliche Auseinanderfallen zwischen einer Anlageentscheidung und dem Auftreten der Risiken dar – die durch politisch bzw. rechtlich veränderte Rahmenbedingungen auch erst ex post auftreten können. Vor allem beim Auftreten von Kipp-Elementen ist diese Gefahr virulent. Ausfallwahrscheinlichkeiten und Preisentwicklungen als wesentliche Bestandteile des Risikomanagements von Anlageentscheidungen sind so nur schwer quantifizierbar. „Wir wissen nicht, ob ab einem bestimmten Temperaturanstieg die Risiken nicht mehr linear, sondern progressiv oder gar exponentiell ansteigen" (Pierschel 2019, S. 44). Insgesamt gesehen, dürften die Banken Klimarisiken bisher nicht oder nur unzureichend in die Bepreisung der vergebenen Kredite einbeziehen (Knips 2019, S. 3).

Operationalisierung

Ermittlung von Indikatoren, die verwendet werden, um klimabezogene Risiken und Chancen beurteilen und steuern zu können. Schaffung von ausreichend langen Datenreihen und Abgleich des entsprechenden Meldewesens mit den Aufsichtsbehörden. Die Basis bilden dabei klimarelevante Kennzahlen zur

Beurteilung von Krediten; Analyse von bankaufsichtlichen Meldungen nach der Kreditvergabe an unmittelbar und mittelbar vom Klimawandel betroffene Wirtschaftszweige und Länder sowie nach Fristigkeit der Kreditgewährung (z. B. werden Kreditvergaben mit längeren Laufzeiten in Wirtschaftszweigen mit hohen Klimarisiken getätigt?). Der Aspekt der Laufzeit ist besonders relevant, da „klimabezogene Marktpreis- und Reputationsrisiken bei Krediten mit kurzer Laufzeit weniger ins Gewicht (fallen, J. W.) als bei Krediten mit langer Laufzeit" (Barthruff 2014, S. 129). Gegebenenfalls wäre das bestehende Meldewesen auch um neue Indikatoren (z. B. CO_2-Fußabdruck oder Energieeffizienz einer Investition) zu erweitern. Auch die von den Banken zu fordernde Erfassung klimabedingter Risiken kleiner und mittelgroßer Kreditnehmer, dürfte ein Problem darstellen. Eine Ergänzung des bestehenden Meldewesens könnte die regulatorische Beurteilung von Klimarisiken durch externe Klimaratings sein, wenn die erforderliche Expertise in der Bank selbst nicht vorhanden ist. So erstellt etwa der Finanzdienstleister MSCI Nachhaltigkeitsratings (auf dieser Basis zum Thema Klimawandel aktuell: Badani 2019). Berechnungen, die CO_2-Relevanz eines Kreditportfolios zu bestimmen, werden allerdings von einzelnen Marktteilnehmern schon vorgenommen. Etwa von der Initiative ‚Partnership for Carbon Accounting Financials (PCAF)', in der sich die teilnehmenden Banken zur Veröffentlichung des jeweiligen Kreditportfolios hinsichtlich des CO_2-Fußabdruckes entschlossen haben (Partnership for Carbon Accounting Financials o. J.). Prinzipiell ist dies also machbar. Die gesamte Wertschöpfungskette eines Produktes mit einem CO_2-Fußabdruck zu bewerten, dürfte das eigentliche Problem darstellen.

Für die Identifizierung der zuvor genannten Geschäftsrisiken von Banken kann die zuständige Bankenaufsicht verschiedene Instrumente einsetzen. Zur Beurteilung solcher Risiken bilden die SSM-Verordnung (EU-Verordnung Nr. 1024/2013) für die unter der EZB beaufsichtigten Banken und die MaRisk für unter deutscher Aufsicht stehenden Banken die Rahmenbedingungen. Danach werden u. a. folgende Risikoarten als wesentlich eingestuft:

Adressenausfallrisiken (einschließlich Länderrisiken)
Hierunter werden „Adressen- und Sektorkonzentrationen, regionale Konzentrationen und sonstige Konzentrationen im Kreditgeschäft, die relativ gesehen zum Risikodeckungspotenzial zu erheblichen Verlusten führen können" (BaFin 2017) verstanden. Damit sind etwa Konzentrationen nach Kreditnehmern, Produkten oder Branchen für den Aspekt von klimabedingten Risiken aus Kreditgeschäften oder bei Wertpapieranlagen besonders relevant. Länderrisiken könnten vor allem bei Auftreten physischer Risiken aus den Schäden durch Naturkatastrophen entstehen. Ratingabstufungen von Wertpapieren aus den betroffenen Ländern wären

denkbar. Eine besondere Bedeutung für die Abschätzung klimabedingter Risiken dürfte dabei in der Beurteilung der bereits beschriebenen ‚stranded assets' liegen. Abwertungen von Vermögensanlagen bis hin zum Totalverlust etwa durch die Umstellung von fossilen Brennstoffen auf alternative Energieträger oder Antriebsformen werden auch die bekannten Technologien obsolet werden lassen – Beispiele sind hier die bereits erwähnte Kohleindustrie oder der angestrebte Wechsel vom Verbrennungsmotor für Kraftfahrzeuge auf Elektro- oder Wasserstoffantrieb. So wird davon ausgegangen, dass ungefähr ein Drittel des Erdöls, die Hälfte des Erdgases und rund 80 % der globalen Kohlereserven nicht mehr gefördert werden können, wenn die Vorgaben des Pariser Klimaschutzabkommens eingehalten werden sollen. Steigende Prämien für Credit Default Swaps (CDS, Kreditausfallversicherungen) können hier erste Hinweise auf ‚stranded assets' liefern. Im Bereich von Versicherungsleistungen könnten entsprechende Risiken zu einer Nicht-Versicherbarkeit der Volkswirtschaft führen, was zu einer Gefährdung der Finanzmarktstabilität führen würde (Röseler 2019, S. 23).

Marktpreisrisiken

Beim Marktpreisrisiko werden z. B. Auswirkungen auf den Preis von Produkten bzw. Anlagen betrachtet. Denkbar sind etwa durch die CO_2-Abgabe verursachte Verteuerungen des Strompreises und seine Auswirkungen auf die Wettbewerbssituation der betroffenen Unternehmen (auch im internationalen Kontext), oder die Verteuerung von Rohstoffen oder Vorprodukten im Produktionsprozess. Naturkatastrophen etwa beeinflussen die Preise landwirtschaftlicher Produkte, Preisreaktionen für die Konsumenten sind dann die Folge. Dies schließt auch Preissteigerungen auf dem Beschaffungsmarkt für Rohstoffe mit ein. Ähnlich wie bei Adressenausfallrisiken können auch Reaktionen der Ratingagenturen auf Wertverluste von Aktien und/oder Staats- bzw. Unternehmensanleihen erfolgen (Röseler 2019, S. 24). So hat die Ratingagentur Standard Poor´s mehrfach auf die aus dem Klimawandel resultierenden erhöhten Risiken für Banken hingewiesen und intensivere Anstrengungen bei der Bewältigung der neuen Aufgabenstellung angeregt: „not all banks are moving at the same speed when it comes to incorporating key climate change risks, setting up priorities, or implementing best practices" (Plait 2019).

Liquiditätsrisiken

Hierbei geht es um die jederzeitige Erfüllung von Zahlungsverpflichtungen einer Bank, auch der zukünftige Liquiditätsbedarf bei einem sich verändernden Marktumfeld ist zu prüfen. Die Werthaltigkeit von Vermögenswerten und wie schnell diese in Liquidität umgesetzt werden kann, sind entscheidend. Maßstab ist hier der Liquiditätsgrad eines Vermögensgegenstandes. Insofern spielen Liquiditätsüberlegungen bei langfristigen Prozessen wie etwa dem Klimawandel eine untergeordnete Rolle. Allerdings sind durchaus auch hier Beispiele für Auswirkungen denkbar: „Nach einer katastrophalen Überflutung ziehen zehntausende Kunden Geld von ihren Konten bei einem regional tätigen Kreditinstitut ab, um damit die Schadenbeseitigung zu finanzieren. Das Kreditinstitut muss daraufhin in hohem Maße Aktiva veräußern" (BaFin 2019, S. 14).

operationelle Risiken

„Operationelles Risiko ist (…) das Risiko von Verlusten, die durch die Unangemessenheit oder das Versagen von internen Verfahren, Menschen, Systemen oder durch externe Ereignisse verursacht werden, einschließlich Rechtsrisiken" (Deutsche Bundesbank 2019a). Im Zuge der zunehmenden Bedeutung klimarelevanter Diskussionen in der Öffentlichkeit dürfte vor allem der Aspekt der Reputation bzw. des Reputationsschadens erheblich an Bedeutung gewinnen. Die zunehmende Bedeutung sozialer Medien gerade im Bereich der Umwelt- und Klimadiskussion erhöht das Reputationsrisiko bei Fehlverhalten. Reputationsschäden können in Ertragseinbußen aus einem veränderten Konsumentenverhalten oder auch aus den Aufwendungen eines bereits erfolgten Reputationsschadens entstehen. Die Finanzierung etwa als Klimasünder bekannter Unternehmen könnte auch auf das Kreditinstitut durchwirken. Ein solch höheres Reputationsrisiko schlägt dann auch auf Vermögenswerte durch. Dabei konnte von Barthruff anhand des oekom Klimarisikoindex (ICRI) nachgewiesen werden, „dass Unternehmen aus Branchen mit einem hohen Reputationsrisiko höhere Kreditrisiken aufweisen als Unternehmen aus Branchen mit geringen Reputationsrisiken" (Barthruff 2014, S. 228). Rechtsrisiken und Risiken z. B. aus dem Vertrieb von Bank- und Versicherungsprodukten oder auch durch Haftungsrisiken aus Umweltschäden im Zusammenhang mit klimaschädlichen Investitionen kommen hinzu. Das Thema Reputationsrisiken schließt bei der Frage nach Kapitalanlagen auch veränderte Anforderungen an die Beratungsleistungen für Kunden und die dadurch entstehenden Dokumentationsanforderungen ein. Damit würde auch eine Erweiterung/Modifizierung der bestehenden aufsichtsrechtlichen Anforderungen zum Anlegerschutz notwendig. Weitere Reputationsrisiken können aus dem Bekanntwerden von ‚Greenwashing'-Produkten entstehen, also nur vermeintlich grünen Finanzprodukten oder, beim Auftreten physischer Risiken, auch die Unbenutzbarkeit von Bankfilialen.

In einem ersten Schritt wäre zu untersuchen, welche dieser Risikoarten vom Klimawandel und den daraus entstehenden potenziellen Risiken für die Banken tangiert wären. Hierzu bieten sich der Bankenaufsicht verschiedene Wege bzw. Instrumente an. Neben den bisherigen Standardberichtsquellen wie Jahresabschlüssen oder den jährlichen Prüfungsberichten der Wirtschaftsprüfer (mit Ergänzung durch veränderte Rechnungslegungsstandards durch die Berücksichtigung von Klimarisiken), könnte Banken eine Informationspflicht über klimabezogene Risiken im Lagebericht der Institute oder als gesonderte Risikoberichte durch die Bankenaufsicht auferlegt werden. Im Rahmen der durch die Bankenaufsicht jährlich durchzuführenden Aufsichtsgespräche könnten die dort dargelegten klimabezogenen Risiken hinterfragt werden.

Im bereits erwähnten Merkblatt hat die BaFin den aus aufsichtsrechtlicher Sicht erwartbaren Umgang mit Nachhaltigkeitsrisiken beschrieben – und dies nicht nur für Banken, sondern für alle Finanzmarktakteure die von ihr beaufsichtigt werden. Darin sind (als bisher unverbindliche Richtschnur) Überlegungen zur Identifizierung (inklusiver der betroffenen Risikobereiche nach MaRisk), Bewertung, Überwachung, Steuerung, Dokumentation und Kommunikation sowohl im Innen- als auch Außenverhältnis der Risiken enthalten.

Besonderes Gewicht würden solche Risiken durch die Aufnahme in die Aufsichtsstrategie und Aufsichtsplanung gewinnen, in der die Hauptrisiken für die Banken aufgenommen werden und die zudem die Europäische Zentralbank (EZB) zur Kenntnis erhält (Deutsche Bundesbank 2016, S. 64). Damit wäre eine Überprüfung klimarelevanter Risikopositionen nicht nur in der nationalen deutschen Bankenaufsicht gewährleistet, sondern es könnte auch eine Übertragung solcher Überprüfungen auf die unter der direkten EZB-Aufsicht stehenden besonders bedeutenden Institute/Institutsgruppen der Eurozone erfolgen. Daher hat die EZB klimabedingte Risiken zum ersten Mal in ihre Risikobewertung für das Jahr 2019 aufgenommen und hinsichtlich ihrer Aufgabenprioritäten auch für das 2020 bestätigt (EZB 2019a). Neben den bekannten Risikofaktoren (etwa das Niedrigzinsumfeld) sollen nun auch klimabedingte Risiken im Rahmen der Risikokonstellation im einheitlichen europäischen Aufsichtsmechanismus (Single Supervisory Mechanism, SSM) analysiert werden. Erste Schritte zu einem Verständnis zum Ausmaß und dem Umgang mit Klimarisiken seitens der Banken wurden in einer von der EZB im Frühjahr 2019 durchgeführten Pilotumfrage mittels einer Stichprobe von Banken durchgeführt. Die Ergebnisse beruhigen nicht: „Preliminary results show that, while many banks are already aware of the risks posed by climate change, much more needs to be done in this field. Banks seem to have approached this topic from a corporate social responsibility perspective rather than from a risk management perspective" (Lautenschläger 2019). Und auf europäischer Ebene hat die EU-Kommission der Europäischen Bankenaufsichtsbehörde (European Banking Authority, EBA) die Prüfung von Nachhaltigkeitsaspekten bei

Banken auferlegt (Europäische Kommission 2019). Bis 2021 hat die EBA u. a. einen Bericht über die Einbeziehung von ESG-Risiken insgesamt und damit auch Klimarisiken in das Risikomanagement von Banken vorzulegen.

Ergänzend könnten sich Vor-Ort-Prüfungen nach § 44 KWG (Kreditwesengesetz) mit den Spezifika klimarelevanter Fragestellungen etwa hinsichtlich des Risikomanagements von Banken befassen (Tab. 5.1). Nach dem Leitfaden für Vor-Ort-Prüfungen und Überprüfungen interner Modelle der EZB müssten die Klimarisiken der Bank überprüft und bewertet werden, inkl. der „Bewertung von Kontrollsystemen und Risikomanagementverfahren mit besonderem Fokus auf der Identifizierung von Schwachstellen oder Anfälligkeiten, die sich negativ auf die Eigenmittelsituation des geprüften Rechtssubjekts auswirken könnten" (EZB 2017). Damit bedarf es einer umfassenden Analyse des Risikomanagementprozesses, der von der Identifizierung der Risiken bis hin zur Risikobewältigung reicht. Die Prüfung klimabedingter Risiken könnte dabei entweder in den üblichen Kreditprüfungsprozess integriert werden oder als separate Nachhaltigkeitsprüfung erfolgen (Barthruff 2014, S. 133; der dies zwar für den Prozess innerhalb einer Bank versteht, eine Anwendung auf die aufsichtliche Prüfung nach § 44 KWG wäre aber ebenfalls denkbar). Zwar gibt es in einzelnen Banken durchaus schon durchdeklinierte Kreditprüfungsprozesse auf nachhaltigkeitsrelevante (und damit auch klimarelevante) Faktoren, ob sie allerdings den zukünftigen regulatorischen Anforderungen genügen, bleibt abzuwarten. So führt

Tab. 5.1 Typische Fragestellungen zur Erfassung von Klimarisiken in der Geschäfts- und Risikostrategie von Banken. Quelle: in Anlehnung an BaFin (2019, S. 15 ff.)

Geschäftsstrategie
- Welche Geschäftsfelder sind einem physischen und/oder transitorischem Risiko ausgesetzt?
- Werden für eine Entscheidungsfindung über (künftig) ggf. erforderliche Steuerungsmaßnahmen Auswirkungsanalysen über einen mehrjährigen Zeitraum benötigt?
- Soll gegenüber Kunden mit wesentlichen Nachhaltigkeitsrisiken in einen Dialog eingetreten werden, wie solche Risiken in Zukunft gemindert oder abgebaut werden können?

Risikostrategie
- Hätte es nachteilige Auswirkungen auf verbindlich vorgegebene Kennzahlen wie etwa Kapitalquoten, wenn sich (als wesentlich identifizierte) Nachhaltigkeitsrisiken (in Form der bekannten Risikoarten) realisieren würden?
- Wie ist mit dem Zeithorizont von physischen und Transitionsrisiken umzugehen?
- Sollen bestimmte Klimarisiken vollständig ausgeschlossen werden? Welche Maßnahmen wären erforderlich?

etwa die DZ Bank nach eigenen Angaben bereits eine solche Nachhaltigkeitsprüfung bei der Kreditvergabe durch (Düber 2018).

Allgemein oder auch institutionsspezifische Umfragen bzw. Stresstests mit den Spezifika klimarelevanter Fragestellungen bzw. Vorgaben können weitere Maßnahmen zur Erfassung und Bewertung von Klimafolgen für Banken sein. Dabei stellen Umfragen zu einzelnen Fragestellungen kein neues Instrument der Aufsicht dar. In den letzten Jahren wurden Umfragen etwa zu den Themen Niedrigzinsumfeld, den Aktivitäten in Steueroasen und Kreditvergabestandards durchgeführt. Im Rahmen von Klima-Stresstests können die Auswirkungen auf Ertragslage und Widerstandsfähigkeit gegen klimawandelbedingte Wirtschaftseinbrüche simuliert werden, ggf. ergänzt um makroökonomische Schocks, die in einem engen Zusammenhang mit dem Klimawandel stehen (z. B. Ölpreisschock). In besonderem Maße könnten hier Transitionsszenarien zu zusätzlichen Erkenntnissen führen, um „ein Verständnis des Zeithorizonts und der jeweiligen Branchen (zu bekommen, J.W.), die durch einen Ausstieg aus fossilen Brennstoffen auf dem Weg zu einer kohlenstoffarmen Wirtschaft unter Druck geraten können" (BaFin 2019, S. 29). Damit wären erste Anhaltspunkte für Konsequenzen vor allem aus veränderten politischen Rahmenbedingungen sichtbar. So könnten neben eher weichen politischen Vorgaben, wie etwa die Einführung einer allgemeinen CO_2-Abgabe, auch stärkere politische Eingriffsvarianten, z. B. das Verbot von Inlandsflügen, hinsichtlich Ihrer Auswirkungen auf einzelne Banken, aber auch auf den Finanzmarkt insgesamt simuliert werden.

Auch die Folgen direkter politischer Eingriffe (z. B. eine politisch ausgelöste Verschärfung der Kreditvergabestandards an CO_2-intensive Wirtschaftszweige) könnten eruiert werden. Die Auswirkungen auf die (nationale und internationale) Wettbewerbsfähigkeit und die Kreditwürdigkeit von CO_2-intensiven Unternehmen/ Wirtschaftszweigen gingen so in die Risikoschätzung für Banken ein. Über die Berücksichtigung solcher Informationen im bankaufsichtlichen Überprüfungs- und Bewertungsprozess (Supervisory Review and Evaluation Process, SREP), in dem auch die endgültige kritische Würdigung der institutsspezifischen Klimarisiken enthalten wäre, könnten die klimarelevanten Auswirkungen für die einzelnen Risikoarten (Adressenausfall- [einschließlich Länderrisiken], Marktpreis-, Liquiditäts-, operationelle Risiken) zukunftsgerichtet bewertet werden.

Die Notwendigkeit zur intensiveren bankaufsichtlichen Behandlung von Klimarisiken erschließt sich, neben den zuvor bereits genannten risikopolitischen Überlegungen, auch aus dem Aktionsplan ‚Finanzierung nachhaltigen Wachstums' der Europäischen Kommission vom März 2018, in dem dem Finanzsystem die Schlüsselrolle zur Umsetzung politischer Maßnahmen zur Bekämpfung der Klimawandelfolgen zugedacht wird (Europäische Kommission 2018a). Neben

der in diesem Aktionsplan betonten besonderen Rolle von Banken zur Finanzierung des Klimawandels, formuliert die Kommission in Maßnahme 8 des Aktionsplanes den Prüfauftrag, „ob mit Klima- und anderen Umweltfaktoren verbundene
Risiken in die Risikomanagementstrategien der Institute und die potenzielle Fein-
abstimmung der Kapitalanforderungen von Banken als Teil der Eigenkapital-
verordnung und der Eigenkapitalrichtlinie mit einbezogen werden können"
(Europäische Kommission 2018a, S. 11). Eine unzureichende Berücksichtigung
von Klimarisiken dürfte bei Umsetzung dieser Forderung auch zu zusätzlichen
Kapitalanforderungen der auffälligen Institute im Rahmen des SREP führen.
Und der Zeithorizont für die Aufsichtsbehörden ist eng gesetzt: In Anhang II und
III des Aktionsplanes wird auf den Zeitplan zur Umsetzung des Planes für Aufsichtsbehörden verwiesen. Erste Maßnahmen wurden im Verlauf des Jahres 2019
umgesetzt.

5.2 Makroprudenzielle Instrumente

Die Auswirkungen des Klimawandels auf die Finanzstabilität werden im Hinblick
auf mögliche systemische Risiken vor allem im Rahmen der makroprudenziellen
Überwachung analysiert. Hierbei geht es um die Entwicklung des Finanzsystems
insgesamt, Ansteckungseffekte zwischen den Marktteilnehmern zu begrenzen und
um die Vermeidung systemischer Risiken. Dafür bieten sich verschiedene Instrumente an: für die Bewertung der Gesamtrisiken ist die Finanzmarktregulierung
in der Pflicht. Vor allem Klima-Stresstests bei großen, systemrelevanten Banken können hier Hinweise auf bestehende Risiken liefern. Je nach Ergebnis dieser Stresstests bieten sich unterschiedlich weitgehende Reaktionsmöglichkeiten
der Regulatorik an. So könnten zusätzliche Kapitalzuschläge u. a. für systemrelevante Institute verhängt werden, um systemische Risiken zu vermeiden.
Weitere Maßnahmen wären: emissionsreduzierte Regelungen hinsichtlich der
Vergabekonditionen von Krediten und/oder die Veröffentlichung eines Klima-
reports durch den Finanzstabilitätsrat über klimabezogene Risiken im Finanzsystem (inkl. Warnhinweisen und Empfehlungen an die Finanzmarktakteure für
eine klimafreundlichere Geschäftspolitik).
  Auch Fragen nach den geldpolitischen Implikationen klimapolitischer Debat-
ten rücken in den Fokus. Zunächst wären negative Angebotsschocks im Zuge
von Ernteausfällen oder Niedrigwasserständen auf Flüssen zu nennen, die zu
unmittelbaren Preiseffekten führen würden. Verknappungen von Rohstoffen
oder Fertigprodukten haben zusätzlich Auswirkungen auf Produktivitäten und
beeinflussen das Wirtschaftswachstum negativ. Zudem dürfte die ‚generelle

Besteuerung des CO_2-Ausstoßes' nicht nur unmittelbare Auswirkungen auf die Preissteigerungsrate haben, sondern wird auch Inflationserwartungen von Unternehmen und Konsumenten dauerhaft verändern (Krohn 2019). Strittig ist allerdings, ob man aufgrund von politisch ergriffenen klimawirksamen Maßnahmen von inflationären Tendenzen sprechen sollte. Eine vergleichbare (umweltpolitische) Diskussion fand bereits in Deutschland Anfang der 90iger Jahre statt, als es um die (preissteigernde) Verwendung von Katalysatoren in Automobilen zur Aufrechterhaltung oder Wiederherstellung einer bestimmten Luftqualität ging. Einerseits könnte man geltend machen, dass klimapolitisch motivierte (preissteigernde) Maßnahmen (hierzu zählt nicht nur die CO_2-Abgabe, wenn Unternehmensbelastungen auf die privaten Verbraucher überwälzt werden) zu Verbesserungen der Lebensgrundlagen führen. Verdeutlicht man sich aber, dass selbst zur Realisierung des 2-Grad-Zieles zahlreiche Maßnahmen unverzichtbar sind, dann müssen die daraus resultierenden preissteigernden Effekte insoweit als unvermeidlich angesehen werden, als ein gegenüberstehendes kompensierendes Preissenkungspotenzial nicht erkennbar ist. Je nach Ausgang dieser Diskussion können hieraus geldpolitische Maßnahmen (Reaktionen in der Zinspolitik der Zentralbank) folgen oder nicht. Damit ist das Spektrum der Wechselwirkungen zwischen Klimawandel und Finanzmärkte um die Relevanz für die Geldpolitik erweitert. Die Forschungen an dieser Stelle stehen noch am Anfang, die Expertise hierzu ist noch zu entwickeln, wie auch führende Vertreterinnen der Banque de France und der Deutschen Bundesbank betonen (Goulard und Mauderer 2019).

Forschungsausblick 6

An dieser Stelle sollen die einzelnen Erkenntnisse nicht noch einmal wiederholt werden. Vielmehr scheint es notwendig zu sein, auf offene Fragestellungen bzw. Herausforderungen einzugehen:

- Die Übertragungskanäle und Wirkungszusammenhänge zwischen dem Klimawandel und den Finanzmärkten sowie der realen Wirtschaft sind bisher nur ansatzweise erforscht. Ähnlich wie bei der wissenschaftlichen Aufarbeitung der Finanzkrise 2008, als zu einer kritischen Auseinandersetzung über die Vernachlässigung von Interdependenzen zwischen den Finanzmärkten und der Realwirtschaft kam, steht die (Volks-)Wirtschaftslehre auch hier erst am Beginn der Forschung. Die bisherigen Arbeiten zu den Auswirkungen konzentrieren sich auf den unmittelbaren Zusammenhang zwischen Klimarisiken und den betroffenen Unternehmen. Für eine Gesamtbetrachtung wäre aber eine Analyse auf nachgelagerte Unternehmen und den Bereich der privaten Haushalte notwendig.
- Für die Aufsichtsbehörden und die von ihnen beaufsichtigten Institute muss eine Art Monitoring für Kreditrisiken entwickelt werden. Dazu gehören das entsprechende Meldewesen, Kreditvergabestandards, aber auch das Risikomanagement. Ob eine Integration in bereits bestehende Regularien (etwa die MaRisk für Deutschland) ausreichend sein wird, ist angesichts der spezifischen Herausforderungen durch die langfristig vorhandenen, in ihren Auswirkungen derzeit aber nicht bestimmbaren Klimawandelrisiken zumindest diskussionswürdig. Dies gilt vor allem dann, falls Kipppunkte erreicht werden. Angesichts dieser Herausforderungen stellt sich das Problem des Klimawandels als hochdimensionales Regulierungsproblem dar. Daher müssen Aufsichtsbehörden und Politik ein Gesamtpaket zur Behandlung von

© Springer Fachmedien Wiesbaden GmbH, ein Teil von Springer Nature 2020
J. Weeber, *Klimawandel und Finanzmärkte*, essentials,
https://doi.org/10.1007/978-3-658-28925-6_6

Klimarisiken für die Finanzmarktakteure entwickeln. Dieses Paket wird umso schwieriger zu schnüren sein, als für die Lösung des globalen Problems Klimawandel auch einheitlich globale Standards notwendig wären. Die Formulierung der Forderung nach einheitlichen weltweit gültigen Standards ist einfach. Wer aber legt diese Standards fest und wie soll die Einhaltung der Standards kontrolliert und sanktioniert werden? Und wie vermeidet man die Trittbrettfahrerproblematik von Verweigerungsstaaten?

- Die üblichen Risikomodelle stützen sich auf statistische Zeitreihen der Vergangenheit, der Klimawandel mit seinen Auswirkungen auf Volkswirtschaften im Allgemeinen und Finanzmärkte im Speziellen kann so nicht abgebildet werden. Zukunftsbezogene Analysemethoden (im weitesten Sinne als Transitionsszenarien zu bezeichnen) sind daher erforderlich. Solche Transitionsszenarien müssen auch mögliche politische Rahmensetzungen, die Wirkungen technischer Neuerungen (z. B. im Bereich Mobilität), die unterschiedliche Finanzierungsart (Eigen- oder Fremdkapital) von Investitionen einbeziehen.

- Für Banken und Versicherer: Da vergangenheitsbasierte Ansätze bei der Prognose von Klimarisiken scheitern, bleibt die Frage nach der Internalisierung der Folgen für die betroffenen Finanzmarktakteure offen. Sollen die potenziell entstehenden Risiken mit pauschalisierten Risikozuschlägen abgedeckt werden? Oder soll der Versuch einer exakten Risikosteuerung (mit Diskontierungsfaktoren oder Value Drivern) unternommen werden?

- Soll hinsichtlich der Beurteilung bzw. des Ratings von Staaten in Zukunft auch der Aspekt des CO_2-Ausstoßes berücksichtigt werden? Mit welchen Methoden soll dies erfolgen? Wer liefert hierzu die Daten und wer bzw. welche Institution veröffentlicht das Ergebnis? Angesichts der Widerstände politischer Entscheidungsträger in einzelnen Staaten bei der Akzeptanz des Klimawandels, dürfte dies keine einfach zu beantwortenden Fragen sein.

- Unter Finanzstabilitätsrisiken sind auch Blasenbildungen bei ‚Green Banking'-Produkten nicht auszuschließen. Wie können solche Entwicklungen analysiert und mit den Instrumenten der Regulierung bekämpft werden? Reichen hier die herkömmlichen Maßnahmen der makroprudenziellen Überwachung oder der Geldpolitik aus? Wie sind mögliche Ziel- und Interessenkonflikte zwischen einer auf Preisstabilität verpflichteten Geldpolitik und (politisch gewollten) klimapolitischen Erfordernissen zum Ankauf grüner Anleihen (Green QE) durch die Zentralbanken zu lösen?

Was Sie aus diesem *essential* mitnehmen können

- Bei der Bewältigung der vielfältigen Formen von Klimarisiken stehen die Finanzmärkte vor neuen Herausforderungen
- ‚Green Banking' steht noch am Anfang der Entwicklung, bietet aber großes Potenzial zur Finanzierung von ‚grünen' Investitionen
- Banken stehen hinsichtlich interner Prozesse und der Überprüfung ihrer Geschäftsmodelle im Gegensatz zu Versicherungen vor neuen Herausforderungen durch den Klimawandel
- Aufsichtsbehörden stehen bei der Beurteilung klimarelevanter Risiken ebenfalls noch am Anfang

© Springer Fachmedien Wiesbaden GmbH, ein Teil von Springer Nature 2020 39
J. Weeber, *Klimawandel und Finanzmärkte,* essentials,
https://doi.org/10.1007/978-3-658-28925-6

Literatur

Allianz, S. E. (2018). Allianz treibt den Wandel zur kohlenstoffarmen Wirtschaft mit ambitioniertem Klimaschutzpaket voran. München. https://www.allianz.com/content/dam/onemarketing/azcom/Allianz_com/migration/media/press/document/Medienmitteilung-Allianz-SE-Klimaschutzpaket-20180504.pdf. Zugegriffen: 10. Nov. 2019.

Auer, J. (2003). Wachstumsmarkt Wetterderivate. Deutsche Bank Research. Aktuelle Themen Nr. 255. http://bisys.inet.bundesbank.de/ePub/Publikationen/Monographien/230798.pdf. Zugegriffen: 10. Nov. 2019.

Badani, J. (2019). Climate change and climate risk. o. O. https://www.msci.com/www/research-paper/climate-change-and-climate-risk/01539276535. Zugegriffen: 10. Nov. 2019.

BaFin. (2017). MaRisk-Endfassung. Erläuterungen Anlage 1. https://www.bafin.de/SharedDocs/Downloads/DE/Rundschreiben/dl_rs0917_marisk_Endfassung_2017_pdf_ba.pdf?__blob=publicationFile&v=5. Zugegriffen: 10. Nov. 2019.

BaFin. (2019). Merkblatt zum Umgang mit Nachhaltigkeitsrisiken. Konsultationsexemplar. Bonn. https://www.bafin.de/SharedDocs/Downloads/DE/Merkblatt/dl_mb_umgang_mit_nachhaltigkeitsrisiken.pdf;jsessionid=1064E4D0ACFC164BA60DEE0765CE0770.2_cid290?__blob=publicationFile&v=2. Zugegriffen: 10. Nov. 2019.

Bank für Internationalen Zahlungsausgleich. (2019). BIS launches green bond fund for central banks. Pressemitteilung vom 26.09.2019. https://www.bis.org/press/p190926.htm. Zugegriffen: 10. Nov. 2019.

Barthruff, C. (2014). *Nachhaltigkeitsinduzierte Kreditrisiken*. Wiesbaden: Springer Gabler.

Battiston, S., et al. (2016). A climate stress-test of the financial system. Zürich. 11.07.2016. https://simpolproject.eu/download/simpol-initiative-research/battiston2016climate_ssrn_withappx.pdf. Zugegriffen: 10. Nov. 2019.

Binham, C., & Crow, D. (2018). Carney plans to test UK banks' resilience to climate change. Financial Times. 17.12.2018. https://www.ft.com/content/0ba2390a-ffd4-11e8-ac00-57a2a826423e. Zugegriffen: 10. Nov. 2019.

Boston Consulting Group/Prognos. (2018). Klimapfade für Deutschland. o. O. https://www.bcg.com/de-de/publications/2018/climate-paths-for-germany.aspx. Zugegriffen: 10. Nov. 2019.

© Springer Fachmedien Wiesbaden GmbH, ein Teil von Springer Nature 2020   41
J. Weeber, *Klimawandel und Finanzmärkte*, essentials,
https://doi.org/10.1007/978-3-658-28925-6

Brockmann, K. (2017). Green finance – Green banking. KfW research. Fokus Volkswirtschaft. Nr. 189. Frankfurt a. M. https://www.kfw.de/PDF/Download-Center/Konzernthemen/ Research/PDF-Dokumente-Fokus-Volkswirtschaft/Fokus-2017/Fokus-Nr.-189-Dezember-2017-Green-Finance.pdf. Zugegriffen: 10. Nov. 2019.

Bundesministerium für Umwelt. (2015). Pariser Klimaschutzabkommen (Wortlaut). Paris. https://www.bmu.de/fileadmin/Daten_BMU/Download_PDF/Klimaschutz/paris_ abkommen_bf.pdf. Zugegriffen: 10. Nov. 2019.

Carney, M. (2019). TCFD: Strengthening the foundations of sustainable finance. Speech. TCFD Summit. Tokyo. 8.10.2019. https://www.bis.org/review/r191008a.htm. Zugegriffen: 10. Nov. 2019.

Council on Environmental Quality. (1980). *Global 2000. Der Bericht an den Präsidenten.* Frankfurt a. M: Zweitausendeins.

Climate Bonds Initiative. (2019a). Dutch Sovereign GB: EUR21bn of orders! 3.5 times oversubscribed! https://www.climatebonds.net/2019/05/dutch-sovereign-gb-eur21bn-orders-35-times-oversubscribed-climate-bonds-certified-20-year. Zugegriffen: 10. Nov. 2019.

Climate Bonds Initiative. (2019b). Climate bonds standard and certification scheme. https://www.climatebonds.net/files/files/Climate%20Bonds%20Standard_V3_03F.pdf. Zugegriffen: 10. Nov. 2019.

Club of Rome. (1972). The limit to growth. New York: Universe Books. https://www.dartmouth.edu/~library/digital/publishing/meadows/ltg. Zugegriffen: 10. Nov. 2019.

CRO-Forum. (2019). The heat is on – Insurability and resilience in a changing climate. Amsterdam. https://www.thecroforum.org/2019/01/24/crof-eri-2019-the-heat-is-on-insurability-and-resilience-in-a-changing-climate. Zugegriffen: 10. Nov. 2019.

De Nederlandsche Bank. (2017). Waterproof? An exploration of climate-related risks for the Dutch financial sector. Amsterdam. https://www.dnb.nl/en/binaries/Waterproof_ tcm47-363851.pdf. Zugegriffen: 10. Nov. 2017.

Deutsche Bundesbank. (2016). Die Aufsicht über die weniger bedeutenden Institute im einheitlichen europäischen Aufsichtsmechanismus. Monatsbericht. Januar, S. 53–65. https://www.bundesbank.de/resource/blob/693380/3150a02b7406ffb331930ac-800cc1a02/mL/2016-01-aufsicht-data.pdf. Zugegriffen: 10. Nov. 2019.

Deutsche Bundesbank. (2017). *Finanzstabilitätsbericht 2017.* Frankfurt a. M.: Selbstverlag.

Deutsche Bundesbank. (2019a). Operationelles Risiko. Frankfurt a. M. https://www. bundesbank.de/de/aufgaben/bankenaufsicht/einzelaspekte/eigenmittelanforderungen/ operationelles-risiko/operationelles-risiko-598534. Zugegriffen: 10. Nov. 2019.

Deutsche Bundesbank. (2019b). Der Markt für nachhaltige Finanzanlagen: eine Bestandsaufnahme. Monatsbericht. Oktober, S. 13–33. https://www.bundesbank.de/resource/ blob/811956/d85bc0de1703eacffcfddd4794e6e3e0/mL/2019-10-nachhaltige-finanzanlage-data.pdf. Zugegriffen: 10. Nov. 2019.

Deutsche Bundesbank. (2019c). Ergebnisse des LSI-Stresstest. Pressekonferenz am 23.09.2019. https://www.bundesbank.de/resource/blob/807590/8cd2b931f02825341c51 c1de19b62354/mL/2019-09-23-stresstest-anlage-data.pdf. Zugegriffen: 10. Nov. 2019.

Deutscher Bundestag. (2017). Wissenschaftliche Dienste. Das „deutlich unter Zwei-Grad"-Ziel. Berlin. https://www.bundestag.de/resource/blob/531604/7854d4994918bb 0352f4e2da96b66fa2/das-deutlich-unter-zwei-grad-ziel-data.pdf. Zugegriffen: 10. Nov. 2019.

Dombret, A. (2017). Behind the curve? The role of climate risks in banks' risk management. Remarks at the National University of Singapore. Singapore. 2.10.2017. https://www.bundesbank.de/en/press/speeches/behind-the-curve-the-role-of-climate-risks-in-banks-risk-management-665484. Zugegriffen: 10. Nov. 2019.

Dombret, A. (2018). Greener finance, better finance? Wie grün sollte die Finanzwelt sein? *Zeitschrift für das gesamte Kreditwesen, 7,* 17–20.

Donadelli, M., et. al. (2017). Temperature shocks and welfare costs. *Journal of Economic Dynamics and Control.* 82. 331–355. https://www.sciencedirect.com/science/article/pii/S0165188917301483. Zugegriffen: 10. Nov. 2019.

Düber, V. (2018). Sustainable Finance hat Auswirkungen auf den gesamten Bankbetrieb. *Zeitschrift für das gesamte Kreditwesen., 22,* 30–32.

Europäische Kommission. (2018a). Aktionsplan: Finanzierung nachhaltigen Wachstums. Brüssel. 8.03.2018. https://eur-lex.europa.eu/legal-content/DE/TXT/PDF/?uri=CELEX:52018DC0097&from=HU. Zugegriffen: 10. Nov. 2019.

Europäische Kommission. (2018b). Ein sauberer Planet für alle. Eine Europäische strategische, langfristige Vision für eine wohlhabende, moderne, wettbewerbsfähige und klimaneutrale Wirtschaft. Brüssel. 28.11.2018. https://eur-lex.europa.eu/legal-content/DE/TXT/PDF/?uri=CELEX:52018DC0773&from=EN. Zugegriffen: 10. Nov. 2019.

Europäische Kommission. (2019). RL (EU) 2019/878. Richtlinie (EU) 2019/878 des Europäischen Parlaments und des Rates vom 20. Mai 2019 zur Änderung der Richtlinie 2013/36/EU. https://eur-lex.europa.eu/legal-content/DE/TXT/PDF/?uri=CELEX:32019L0878. Zugegriffen: 10. Nov. 2019.

EZB. (2017). Leitfaden für Vor-Ort-Prüfungen und Überprüfungen interner Modelle. Frankfurt a. M. https://www.bankingsupervision.europa.eu/legalframework/publiccons/pdf/osi/ssm.osi_draftguide.de.pdf?999629ad5719d90a30dba684f53b43ae. Zugegriffen: 10. Nov. 2019.

EZB. (2019a). EZB-Bankenaufsicht: Risikobewertung für 2020. Frankfurt a M. https://www.bankingsupervision.europa.eu/ecb/pub/ra/html/ssm.ra2020~a9164196cc.de.html#toc2. Zugegriffen: 10. Nov. 2019.

EZB. (2019b). A Climate change and financial stability. Financial Stability Review. Frankfurt a. M. https://www.ecb.europa.eu/pub/financial-stability/fsr/html/ecb.fsr201905~266e856634.en.html#toc49. Zugegriffen: 10. Nov. 2019.

Goulard, S., & Mauderer, S. (2019). Mit gutem Beispiel vorangehen. Süddeutsche Zeitung. 08.07.2019. https://www.sueddeutsche.de/wirtschaft/gastbeitrag-mit-gutem-beispiel-vorangehen-1.4514815. Zugegriffen: 10. Nov. 2019.

Grund, F. (2019). Nachhaltigkeit als Auftrag und Herausforderung für die Versicherungswirtschaft, BaFin-Perspektiven. 2. S. 29–33. https://www.bafin.de/SharedDocs/Veroeffentlichungen/DE/BaFinPerspektiven/2019_02/bp_19_2_Grund.html. Zugegriffen: 10. Nov. 2019.

Hilgers, J. (2019). The vision of the National Bank of Belgium on sustainable finance. *Revue bancaire et financière, 1,* 25–35.

Hufeld, F. (2018). Neujahrspresseempfang der BaFin 2018. Rede von Felix Hufeld. Frankfurt a. M. https://www.bafin.de/SharedDocs/Veroeffentlichungen/DE/Reden/re_180117_neujahrspresseempfang.html;jsessionid=8717026C3F6E4830A-61F161E305D982A.2 cid381?nn=10712302. Zugegriffen: 10. Nov. 2019.

International Association of Insurance Supervisors. (2018). Issues paper on climate change risks to the insurance sector. Basel. https://www.unepfi.org/psi/wp-content/uploads/2018/08/IAIS_SIF_-Issues-Paper-on-Climate-Change-Risks-to-the-Insurance-Sector.pdf. Zugegriffen: 10. Nov. 2019.

International Capital Market Association. (2018). Green bond principles. Paris. https://www.icmagroup.org/green-social-and-sustainability-bonds/green-bond-principles-gbp. Zugegriffen: 10. Nov. 2019.

International Monetary Fund. (2019). Global financial stability report. October. Washington. https://www.imf.org/en/Publications/GFSR/Issues/2019/10/01/global-financial-stability-report-october-2019. Zugegriffen: 10. Nov. 2019.

Investor Agenda. (2019). Global investor statement to governments on climate change. o.O. http://theinvestoragenda.org/wp-content/uploads/2019/09/190916-GISGCC-for-UN-CAS.pdf. Zugegriffen: 10. Nov. 2019.

IPCC. (2019). The ocean and cryosphere in a changing climate. Monaco. https://www.ipcc.ch/srocc/download-report. Zugegriffen: 10. Nov. 2019.

Johannsen, K. (2019). Porsche sammelt 1 Mrd. Euro mit größtem grünen Schuldschein ein. *Börsen-Zeitung*. 10.08.2019. https://www.boersen-zeitung.de/index.php?li=1&artid=2019152004. Zugegriffen: 10. Nov. 2019.

Knips, S. (2019). Europäische Banken: Nachhaltigkeit rückt in den Fokus. Helaba. Credit Spezial. Frankfurt a.M. 4.07.2019. https://www.helaba.de/blueprint/servlet/blob/docs/499436/c3b1e1d85c871d375fda35a883386b94/cs-20190704-data.pdf. Zugegriffen: 10. Nov. 2019.

Krägenow, T. (3. Juni 2004). Treibhauseffekt bedroht globales Finanzsystem. *Financial Times* Deutschland. S. 12.

Krohn, P. (2019). Die Finanzmärkte als Weltretter? FAZ. 07.05.2019 https://www.faz.net/aktuell/finanzen/finanzmarkt/nachhaltiges-investieren-die-finanzmaerkte-als-weltretter-16173627.html. Zugegriffen: 10. Nov. 2019.

Lautenschläger, S. (2019). Central bankers, supervisors and climate-related risks. Panel remarks at the network for greening the financial system conference. Paris. 17.04.2019. https://www.ecb.europa.eu/press/key/date/2019/html/ecb.sp190417~efcf14da2a.en.html. Zugegriffen: 10. Nov. 2019.

Mauderer, S. (2019a). Nachhaltigkeit aus Sicht der Bundesbank. Keynote bei der 7. Fachtagung „Nachhaltigkeit leben – Chancen und Anforderungen für Finanzdienstleister". 13.09.2019. Frankfurt a. M. https://www.bundesbank.de/de/presse/reden/nachhaltigkeit-aus-sicht-der-bundesbank-806170. Zugegriffen: 10. Nov. 2019.

Mauderer, S. (2019b). Zentralbanken als Klimafeuerwehr? 2. Finanzmarktkonferenz der Deutschen Bundesbank. Frankfurt a. M. https://www.bundesbank.de/de/presse/reden/zentralbanken-als-klimafeuerwehr–812426. Zugegriffen: 10. Nov. 2019.

Max-Planck-Institut für Meteorologie. (2018). Forschung am MPI-M zum 1,5-Grad-Ziel. Hamburg. 7.06.2018. https://www.mpimet.mpg.de/kommunikation/aktuelles/im-fokus/15-grad-ziel. Zugegriffen: 3. Nov. 2019.

Max-Planck-Institut für Meteorologie. (2019). Was ist der Unterschied zwischen Wetter und Klima? Hamburg. https://www.mpimet.mpg.de/kommunikation/fragen-zu-klima-faq/was-ist-der-unterschied-zwischen-wetter-und-klima. Zugegriffen: 10. Nov. 2019.

May, S. (2. Oktober 2019). Ethisch-nachhaltige Anlagen bergen hohe Risiken. *Börsen-Zeitung*. S. 4.

Mercure, J.-F. (2018). Environmental impact assessment for climate change policy with the simulation-based integrated assessment model E3ME-FTT-GENIE. *Energy Strategy Reviews*. 20. S. 195–208. https://www.sciencedirect.com/science/article/pii/S2211467X18300129. Zugegriffen: 10. Nov. 2019.

Merkel, A. (2019). Rede von Bundeskanzlerin Dr. Angela Merkel zum Haushaltsgesetz 2020 vor dem Deutschen Bundestag am 11.09.2019. Berlin. https://www.bundes-regierung.de/breg-de/suche/rede-von-bundeskanzlerin-dr-angela-merkel-1670458. Zugegriffen: 10. Nov. 2019.

Messner, D. (2010). Wie die Menschheit die Klimakrise meistern kann – Ein optimistisches Essay. *Aus Politik und Zeitgeschichte., 32–33,* 28–34.

Möslein, F., & Mittwoch, A.-C. (2019). Der Europäische Aktionsplan zur Finanzierung nachhaltigen Wachstums. *Wertpapier-Mitteilungen., 11,* 481–520.

Munich Re. (2013). Economic consequences of natural catastrophes: Emerging and developing economies particularly affected – Insurance cover is essential. Economic Research. München. https://www.munichre.com/site/mram-mobile/get/documents_E-1187363563/mram/assetpool.mr_america/PDFs/5_Press_News/Press/2013_10_30_position_paper_en.pdf. Zugegriffen. 10. Nov. 2019.

National Bank of Belgium. (2019). Financial stability report 2019. Brüssel. https://www.nbb.be/en/articles/financial-stability-report-2019. Zugegriffen: 10. Nov. 2019.

Network for Greening the Financial System. (2019). A call for action. Climate change as a source of financial risk. o. O. https://www.ngfs.net/sites/default/files/medias/documents/ngfs_first_comprehensive_report_-_17042019_0.pdf. Zugegriffen: 10. Nov. 2019.

OECD. (2018). The World Bank/UN environment programme. Financing climate futures: Rethinking infrastructure. Paris. https://www.oecd-ilibrary.org/environment/financing-climate-futures_9789264308114-en. Zugegriffen: 10. Nov. 2019.

Onischka, M. (2009). Einbezug von Klimarisiken im Kreditrating von Kreditinstituten und Ratingagenturen. *Wuppertal Institut für Klima, Umwelt, Energie*. Diskussionspapier. Wuppertal.

Pankiewiecz, A., & Bundschuh, M. (2018). deutsche Green Bonds: Zwischen Wachstum, Standardisierung und Transparenz. *Zeitschrift für das gesamte Kreditwesen, 22,* 24–27.

Partnership for Carbon Accounting Financials. (o. J.). Global launch of partnership for carbon accounting financials. https://carbonaccountingfinancials.com/newsitem/global-launch-of-partnership-for-carbon-accounting-financials-pcaf. Zugegriffen: 10. Nov. 2019.

Pierschel, F. (2018). Nachhaltigkeit in der vernetzten (Finanz-)Welt. *IDW Life, 11,* 999–1001.

Pierschel, F. (2019). Nachhaltigkeit als globale Aufgabe. BaFin-Perspektiven. 2. S. 39–47. https://www.bafin.de/SharedDocs/Veroeffentlichungen/DE/BaFinPerspektiven/2019_02/bp_19_2_Pierschel.html. Zugegriffen: 10. Nov. 2019.

Plait, M. (2019). Climate change: Can banks weather the effects? o. O. https://www.spglobal.com/ratings/en/research/articles/190909-climate-change-can-banks-weather-the-effects-11139468. Zugegriffen: 10. Nov. 2019.

Rigaud, K. (2018). Groundswell: Preparing for internal climate migration. World Bank. Washington. https://openknowledge.worldbank.org/handle/10986/29461. Zugegriffen: 10. Nov. 2019.

Röseler, R. (2019). Nachhaltigkeit – Herausforderungen und Chance für die Kreditwirtschaft. BaFin-Perspektiven. 2. S. 19–28. https://www.bafin.de/SharedDocs/Veroeffentlichungen/DE/BaFinPerspektiven/2019_02/bp_19_2_Roeseler.html. Zugegriffen: 10. Nov. 2019.

Ruhkamp, C. (6. April 2019). Norwegen verschärft Kohle-Bann. *Börsen-Zeitung*. S. 11.

Sachverständigenrat zur Begutachtung der gesamtwirtschaftlichen Entwicklung. (2019). *Aufbruch zu einer neuen Klimapolitik*. Wiesbaden: Sondergutachten.

South Pole Group. (2016). *Mögliche Auswirkungen des Klimawandels auf die Finanzmarktstabilität*. Schlussbericht. Gutachten im Auftrag Bundesministerium der Finanzen. Zürich.

Stern, N. (2006). The economics of climate change. London. https://webarchive.nationalarchives.gov.uk/20100407172811/http://www.hm-treasury.gov.uk/stern_review_report.htm. Zugegriffen: 10. Nov. 2019.

Union Investment. (2019). Steuern mit Steuern? Paradigmenwechsel in der deutschen Klimapolitik. Frankfurt a. M. http://www.union-investment.it/startseite-de/Kompetenzen/Nachhaltige-Investments/Studien.html. Zugegriffen: 10. Nov. 2019.

Vereinte Nationen. (2015). Transformation unserer Welt: die Agenda 2030 für nachhaltige Entwicklung. New York. https://www.un.org/Depts/german/gv-70/band1/ar70001.pdf. Zugegriffen: 10. Nov. 2019.

von Flotow, P. (2013). Klimawandel, Finanzmärkte und Innovation. Projektbericht. Oestrich-Winkel. https://de.readkong.com/page/klimawandel-finanzmarkte-und-innovation-projektbericht-1051302?p=1. Zugegriffen: 10. Nov. 2019.

Weyzig, F. (2014). The price of doing too little too late: The impact of the carbon bubble on the EU financial system. Green European Foundation. Brüssel. https://francisweyzig.files.wordpress.com/2019/06/greens-efa-2014-the-price-of-doing-too-little-too-late.pdf. Zugegriffen: 10. Nov. 2019.

Wiebe, F. (5. November 2019). Umstrittener Klimaschutz. *Handelsblatt*. S. 32.

Wilkens, M. (2019). Carbon Risiken und Financed Emissions von Finanztiteln und Portfolios. Augsburg. https://carima-project.de/ueber-das-projekt. Zugegriffen: 10. Nov. 2019.

World Meteorological Organization. (2019). Climate. https://public.wmo.int/en/our-mandate/climate. Zugegriffen: 10. Nov. 2019.